竞对

乱世的法则

杜茹慧 著

江苏凤凰文艺出版社
JIANGSU PHOENIX LITERATURE AND ART PUBLISHING

图书在版编目（CIP）数据

竞对 ：乱世的法则 / 杜茹慧著 . -- 南京 ：江苏凤凰文艺出版社，2024. 12. -- ISBN 978-7-5594-9166-4

Ⅰ . K236.07

中国国家版本馆CIP数据核字第2024VM0771号

竞对：乱世的法则

杜茹慧　著

责任编辑　王昕宁
策划编辑　白　叶
特约编辑　连　慧
装帧设计　金亮后声
责任印制　杨　丹
出版发行　江苏凤凰文艺出版社
　　　　　南京市中央路165号，邮编：210009
网　　址　http://www.jswenyi.com
印　　刷　天津鸿彬印刷有限公司
开　　本　880毫米×1230毫米　1/32
印　　张　9
字　　数　100千字
版　　次　2024年12月第1版
印　　次　2024年12月第1次印刷
书　　号　ISBN 978-7-5594-9166-4
定　　价　59.80元

有时候不得不感叹古人超前的精神状态，领先2000年的精神状态时常让现代人“眼前一黑”。

就像这些出自嘉峪关新城魏晋墓画像砖的图像，不仅展现了汉末魏晋人民的精神面貌、生活常态，更能让人体会到画中的情绪。

那些乐观，会陪伴他们在接下来接近400年的乱世中坚持下去。

就像《三国志》，我们现在来看，那些客观的历史事件中，也掺杂了陈寿对那个时代、那些人物的复杂情感。

这些情感会穿越时空，通过文字、图像与我们见面，所谓的时代密码，就隐藏其中。

目录

序言

如有一个汉朝人，站在公元220年秋天的洛阳城外，他大概不会产生东汉群雄争霸背景下豪气干云的情绪，而是会生出一个奇怪的感觉——迷茫。

10年前，当曹丞相雄踞北方，修建邺城铜雀台的时候，在江南，刘备正以极大的勇气，冒险与孙权展开“借荆州”的历史性谈判。那时，大汉已经如僵卧许久的病人，奄奄一息，天下三分的格局已经隐隐出现。

20年前，两个原本效忠于大汉的将领——曹操与袁绍，互相指责对方是贼人，并在官渡展开殊死一搏；与此同时，发家于草莽的富春孙策，正豪情万丈地吞并江东，吞并那些原本属于大汉辖区的江东土地。

30年前，汉灵帝猝然驾崩，紧接着皇帝、太后、宦官、大将军，这些曾经执掌帝国的人物，一夜间开启了疯狂的内斗，从此汉朝的中央集权制度彻底崩溃，强势军人登上时代舞台，在那之后是军阀混战、民生凋敝、秩序解体。

40年前，当湖北云梦爆发农民起义、幽州并州遭遇鲜卑入侵、甘肃酒泉突发地震的时候，大汉的皇帝正钟情于“西园弄狗”、架“四驴马车”，与随从们模仿“商贾之乐”；而在灵帝的后宫，又发生了何皇后毒杀王美人的惊天大案。凡此种种，构成了一个末日帝国的标准“亡国”画像。

可问题是，大汉四百年来，从未经历过如此彻底且剧烈的秩序崩坏：皇帝竟然成了俘虏、大将军与宦官发生了火并、披着宗教名义的黄巾军横行天下、董卓一把火焚毁百年首都……凡此种种，令人闻所未闻。

甚至，即便这个时代的弄潮儿，诸如曹操，也难免发出“绕树三匝，何枝可依”的困惑。

“结束这个局面的路，到底在何方呢？”这便是汉末最大的历史困境。只是谁都没想到，这场在迷茫中寻找出路的旅途，竟然会历经魏晋南北朝，接近四百年，直到隋唐，才给出准确答案。

有赖于小说、电视剧和衍生作品，“三国”的故事成了中国人共有的热血与浪漫的回忆，尤其是对一些横向的话题，例如历史英雄人物、重要战役战略、关键历史事件等，大家始终津津乐道、饶有兴致，但是似乎缺少了还原到历史现场的纵向视角。

我在写作过程中着重突出了在大历史视野下，综合看待“三国”故事的论述，不再将“三国”的故事局限于金戈铁马、争霸天下，而是从秦汉体制走到尽头后必然崩溃的脉络出发，探索各个人物和事件中展现出的豪情、勇敢、矛盾、迷茫。

在书中我们会看到，横扫江东的孙策，原来一早就知道自己在性格上的巨大缺陷，但他不得像公牛一样横冲直撞、不敢稍作歇息；

作为曹魏的第一个皇帝，曹丕竟然是对朝廷现行基本制度最不信任的人，甚至每每发表一些惊世骇俗的言论；

当战争破坏了察举征辟制度之后，人才的评价标准走向多元，“浮华子弟们”会借机攫取朝廷的人事权。

而这些都是历史的必然走向，是那些历史英雄人物无法决定、难以改变的。

近些年来，随着互联网的蓬勃发展，通俗历史文学的内容创作到达了一个新高峰，但其中也始终存在着两个极端现象：要么是严谨细致的学术探讨，要么是不着边际的“谣言历史”。

作为缺乏学术基础的普通历史爱好者，读者常常在这两种极端中摇摆困惑，或是对专业长篇的论述感到无趣，或是在饶有兴致地欣赏完后才惊愕地发现，自己看到的内容竟然有很大的杜撰嫌疑。

总结了这样的经验教训，2022年的冬天，小杜第一次开始尝试通俗历史内容创作。

为了解决历史创作中史实正确性这一问题，本书几乎在每段描写之后都紧跟史料原文和相关注释，这样既能保证论述的准确，也能使读者直接阅览一手史料，穿越回历史现场，同时，读者还能依照原文激发自己的理解。

也正是在搜集整理各类史料原文的过程中，小杜惊奇地发现，很多极有意思的细节往往被安排在了不知名的角落里，长久以来被人忽视。

这些小故事一般都能与正文主线紧密联系，阅读过程中能产生某种类似幽默的乐趣。比如，作为皇帝，曹丕和曹叡都收到过来自方士们谶纬之语的吹捧，但两人对此的反应大相径庭，对比起来极为有趣。

为此，本书在文章的结尾特设了“阴暗小故事”环节，既是对全篇主旨的再一次回顾，也是通过小故事带来的反差感，起到某种程度上幽默的效果。

哲学上讲，幽默、荒诞、无意义、万事万物皆可娱乐等理念，将会在后现代社会大行其道。其实，这样的理念早在《三国志》的作者陈寿先生身上就有所体现了。

由于陈寿身处较为压抑的政治环境中，写作面临种种障碍，于是他便将《三国志》写得极为精简和晦涩，使常人乍读之下看不懂。但如果我们仔细对比阅读后就会发现，他的爱憎褒贬、批判推崇都暴露无疑，甚至还有别样的“恶趣味”在其中。

最后，感谢粉丝朋友们一直以来的支持。当今这个时代呼唤更优质的历史通俗作品，小杜也会一如既往地挖掘历史深处的有趣故事，给大家持续奉上有趣、真实、有价值的作品。

免责声明：本书中有关历史内容的观点、解读和故事演绎，均系个人一家之言，不具有权威性，如有雷同、冒犯、偏差，均为巧合意外，如有不妥可联系作者。

预章

阴阳怪气：《三国志》教你怎样阴搓搓地损人

当我在《三国志》里面翻来翻去，试图寻找到一个很有深度的话题的时候，突然发现，陈寿这个人，是有点阴阳怪气的幽默在身上的，他的笔墨里透着一股损劲儿。

时间在官渡之战后。

官渡硝烟散尽，曹孟德一番苦战，终于把袁绍强势击退，基本上开启了统一北方的格局。这时，陈寿悠悠然来了一手“回忆杀”，扯出了两人青春年少时的一段“灵魂拷问”。

袁绍当年意气风发，问曹操：“你说咱打天下，靠的是什么？”

曹操反将一军，问道：“袁兄，你的高见是？”

袁绍当然相当自信，说道：“我要南守黄河，北靠燕代，利用杂胡兵，南向夺天下！”

> 初，绍与公共起兵，绍问公曰：“若事不辑，则方面何所可据？”
>
> 公曰：“足下意以为何如？”
>
> 绍曰：“吾南据河，北阻燕、代，兼戎狄之众，南向以争天下，庶可以济乎？”
>
> ——《三国志·魏书·武帝纪》

曹操听完，琢磨了半晌，心里估摸着袁绍这套霸权思路不行，得另辟蹊径，于是发表了他的“正道宣言”，说：“我要任用天下贤才智士，用道统名教驾驭天下，到时候绝对百战百胜。”

> 公曰：“吾任天下之智力，以道御之，无所不可。”
>
> ——《三国志·魏书·武帝纪》

不过，你以为陈寿在这里是说曹操和袁绍关于打天下的路线之争吗？不是的，他这是在嘲笑——

袁绍当初不是雄心勃勃，要占据河北，南向夺天下吗？

你的河北呢？怎么就被曹操给夺走了呢？

反过来，曹操那边也没放过：“曹老板”早年间不是说，要以道御天下，要用正道的光吗？

在陈寿看来，你哪有什么正道的光啊？屠徐州、雍丘、彭城、邺城、乌丸的，难道不是你？

> 初，曹操攻屠邺城。
>
> 过拔取虑、睢陵、夏丘，皆屠之。凡杀男女数十万人，鸡犬无余，泗水为之不流，自是五县城保，无复行迹。
>
> ——《后汉书》

> 遂攻拔襄贲，所过多所残戮。

太祖攻围数月，屠之，斩超及其家。

十二年，太祖征三郡乌丸，屠柳城。

九月，公东征布。冬十月，屠彭城，获其相侯谐。

——《三国志》

另外，在《三国志》的编纂过程中，陈寿先生似乎对孙权特别关照，几乎每有机会就要“吐槽”一番，最典型的就是在描述魏蜀吴统治者时的差异。

首先，对三者的出场，陈寿的落笔可谓颇为微妙。

提到曹魏的奠基者曹操，鉴于陈寿撰书之时已经身处晋朝，而晋以曹魏为正统，所以他对曹操的称呼总是充满尊敬，或是用“太祖”以示其帝王之尊，或是用“公”来彰显其霸业之威，敬意满满，态度不言而喻。

太祖武皇帝，沛国谯人也，姓曹，讳操，字孟德，汉相国参之后。

——《三国志·魏书·武帝纪》

到了蜀汉的建立者刘备，陈寿的称呼始终是“先主”，蜀汉共有二主，刘备在先，故称“先主”，刘禅居后，故称“后主”，也不能说有什么问题。

先主姓刘，讳备，字玄德，涿郡涿县人，汉景帝子中山靖王胜之后也。

——《三国志·蜀书·先主传》

然而，轮到孙权的时候，那简直是文风突变。陈寿丝毫不加掩饰，没有任何铺垫，上来就叫他的大名，“孙权，字仲谋”，这对于一个统治者来说，是很“冒犯”了。

> 孙权，字仲谋，吴郡富春人也。
>
> ——《三国志·吴书·吴主传》

更冒犯的是，提到曹操与刘备，陈寿用了“讳”字，即“姓曹讳操”和“姓刘讳备”。

至于孙权嘛，就没那么幸运了，陈寿似乎在暗示：“孙家大兄弟，你随意啦，反正‘讳’这顶帽子你戴不上。”这番处理，既显出了史家的直接，又平添了几分对孙权打趣。

然后，我们再来看看三位英雄谢幕的那一刻。

曹操去世的时候，《三国志》称之为“崩”，所谓“天子死曰崩”，这是帝王专享的词语，比较符合魏武帝的身份。

> 庚子，王崩于洛阳，年六十六。
>
> ——《三国志·魏书·武帝纪》

刘备去世的时候，陈寿用了另外一个词，看起来似乎轻描淡写，称之为“殂”。然而“殂”这个词源自《尚书》，古人用来描述帝尧殒落，“二十有八载，帝乃殂落”。

“殂”其实也是表述帝王去世，陈寿此笔，无疑悄悄给刘备的帝王生涯盖了个认可的印章。

> 夏四月癸巳，先主殂于永安宫，时年六十三。
>
> ——《三国志·蜀书·先主传》

然而，等到孙权去世的时候，陈寿再度展现了他的“别样关怀”，只给了一个“薨”字。

> 夏四月，权薨，时年七十一，谥曰大皇帝。
>
> ——《三国志·吴书·吴主传》

“诸侯死曰薨。”也就是说，在陈寿心里，孙权似乎最高也就配得上诸侯这个级别。

> 天子死曰崩，诸侯曰薨，大夫曰卒，士曰不禄，庶人曰死。
>
> ——《礼记·曲礼》

虽说江东那边给孙权上的谥号是“大皇帝”，但在魏晋正统眼里，这不过是小孩过家家——往大了说，孙权只是魏朝的一个异姓王，大魏吴王；往小了说，东吴只是割据政权，早晚要被消灭。陈寿似乎在隔空喊话：“碧眼孙郎，你幸亏走得早啊，不然迟早给你抓到洛阳来！”

最后，是陈寿对这三个人的评价。

陈寿对他们的态度算是各有千秋。整体来看，对曹操，他实话实说、公正不阿；对刘备，他笔下多是惋惜与敬佩；而到了孙权，陈寿就开启了“先甜后酸”模式，先是看似天花乱坠的赞美，然后转过头来，又是劈头盖脸的批判。

《三国志》对曹操的评价，简单来说：魏太祖天生英明神武，是运筹帷幄、总揽全局、一手缔造伟业的高手。

至于怎么做到的，陈寿总结了曹操的两大绝招：一是坚持法家集权，即所谓申商之法[1]，第二是军事胜利，也就是韩白之策，韩信、白起都是秦汉帝国最杰出的一批军事将领。

换句话说，曹操的胜利，是由军事胜利领导下的胜利，魏武的成功，是秦汉帝国军功式的成功，是军功爵和法术势的成功。

> 太祖运筹演谋，鞭挞宇内，揽申、商之法术，该韩、白之奇策，官方授材，各因其器，矫情任算，不念旧恶，终能总御皇机，克成洪业者，惟其明略最优也。
>
> ——《三国志·魏书·武帝纪》

对刘备的评价，陈寿笔下满是钦佩与惋惜。

比如，称刘备有“高祖之风”是赞叹，有“英雄之器”是赞叹，“心神无二”也是赞叹。

① 指战国时期法家思想的重要流派之一。申不害是法家术派的代表，商鞅是法家法派的代表。

话音刚落，他又话锋一转，带上了点调侃意味说：“可惜啊，先主你那过分的‘仁慈’，玩起权谋机变来直接被曹操甩出好几条街，因此地盘自然就比人家小得多了。而且，无论怎么说，那位曹阿瞒，心眼儿小得跟针尖似的，怎么可能容得下你这位‘仁义大哥’呢？”

先主之弘毅宽厚，知人待士，盖有高祖之风，英雄之器焉。及其举国托孤于诸葛亮，而心神无贰，诚君臣之至公，古今之盛轨也。机权干略，不逮魏武，是以基宇亦狭。然折而不挠，终不为下者，抑揆彼之量必不容己，非唯竞利，且以避害云尔。

——《三国志·蜀书·先主传》

等到评价孙权，陈寿又开始特别关照，一上来就给了个“屈身忍辱”的标签。这说法，妙啊，想想历史上的明君圣主，哪个爱自讨委屈？除非算上勾践卧薪尝胆那档子事儿。

孙权屈身忍辱，任才尚计，有句践之奇，英人之杰矣。

——《三国志·吴书·吴主传》

然而，拿孙权和勾践做比，其实是陈寿玩了个恶趣味的双关：一方面，孙权、勾践都擅长“低调做人”，打不过就认怂——勾践跑去给夫差养马，孙权呢，身为地方割据首领，却乐呵呵接了魏朝的册封，这“外交手腕”也是够柔软的。

另一方面，这两人都有点“记仇又凉薄”，勾践发达了就把功臣文种给办了，留下“兔死狗烹”的千古名言；孙权这边，像陆逊这等肱股之臣，鞠躬尽瘁，最后不还是被孙权逼得郁郁而终？

> “蜚鸟尽，良弓藏；狡兔死，走狗烹。越王为人长颈鸟喙，可与共患难，不可与共乐。子何不去？”种见书，称病不朝。
>
> ——《史记·越王勾践世家》

再到孙权晚年，陈寿更是辣手批判，说孙权好像突然开启了暴走模式，在国内四处抓人、杀人，二宫相争的政治大乱斗闹得东吴举国中分、沸沸扬扬。他这么一搞，好像给吴国后来的统治者们立了个坏榜样，个个都有点“不太正常”。换句话说，吴国最后的衰败，孙权晚年荒唐的行为多少得背点锅，吴国被灭的账，孙权也逃脱不掉，必须担一份责。

> 故能自擅江表，成鼎峙之业。然性多嫌忌，果于杀戮，暨臻末年，弥以滋甚。至于谗说殄行，胤嗣废毙，岂所谓贻厥孙谋以燕翼子者哉？其后叶陵迟，遂致覆国，未必不由此也。
>
> ——《三国志·吴书·吴主传》

说到这儿，我突然想到，孙权与陆逊可谓“相爱相杀”的典范。尽管陆逊一生鞠躬尽瘁，最后还是死在了孙权的指责之下，然而陆逊也不是省油的灯，早年间也没少夹枪带棒地揶揄过孙权。

有一回，陆逊给孙权上书说："你看你哥孙策多厉害，当年创业的时候，兵不足一旅，愣是把江东基业打下七七八八了；再看看您，坐拥现成江山，和你哥孙策一比，那差距可不是一星半点儿。"

> 昔桓王创基，兵不一旅，而开大业。陛下承运，拓定江表。
>
> ——《三国志·吴书·陆逊传》

又过了一段时间，孙权想要攻打公孙渊。公孙渊远在辽北，离得十万八千里不说，中间还隔着一个魏朝。因此，一想到皇帝的异想天开，陆逊必须上书"劝谏"孙权，说：

"陛下您多英明啊。

"当初赤壁之战是您指挥的，曹操都被烧得灰头土脸返回北方了。可谁又记得，那会儿您还在反复犹豫呢，是周瑜力挽狂澜，亲率大军，不畏箭矢将曹操击退。

> 瑜、普为左右督，各领万人，与备俱进，遇于赤壁，大破曹公军。
>
> ——《三国志·吴书·吴主传》

"再说夷陵大战，刘备军队百里连营，又是您运筹帷幄，击退了来犯之敌。但实情是您向蜀汉求和不成后，一面朝曹魏低头请求援兵，一面让我临危受命迎击刘备，这才免了一场危局。

> 黄武元年，刘备率大众来向西界，权命逊为大都督、假节，督朱然、潘璋、宋谦、韩当、徐盛、鲜于丹、孙桓等五万人拒之。
>
> ——《三国志·吴书·吴主传》

“最后还有那关羽，响当当的英雄，水淹七军，打得曹魏差点儿迁都避祸，但背后给关羽‘温柔一刀’人，谁不知道是您？

“关羽父子被您背刺之后，一并成了阶下囚，本来押回东吴就完事，但偏偏有人要杀害此二人，除了您，前线将士谁敢做这个决定？要知道，关羽那级别，没您的令牌，前线将士可不敢动他一根汗毛。

> 臣松之按《吴书》：孙权遣将潘璋逆断羽走路，羽至即斩，且临沮去江陵二三百里，岂容不时杀羽，方议其生死乎？又云“权欲活羽以敌刘、曹”，此之不然，可以绝智者之口。
>
> ——裴松之

“您看，您都已经让曹操、刘备、关羽这等豪杰都黯然失色，怎么还跟那偏远之地的公孙渊较上真了呢？”

陛下以神武之姿，诞膺期运，破操乌林，败备西陵，禽羽荆州，斯三虏者当世雄杰，皆摧其锋。

——《三国志·吴书·陆逊传》

要我是孙权，只怕没到晚年，就得让这些“阴阳人”气成精神病了。

提起阴阳怪气，又不得不说下那个政治水平堪忧、军事技能也不及格的袁术，他一张嘴，就把刘备说得灰头土脸。

袁术盯上了户口百万、物产富饶的徐州，可惜，彼时的徐州已被刘备占有，刘备走马上任徐州牧。袁术不甘心，修书一封给吕布，说：“我袁术长这么大，就没听说过有什么刘备！”

术生年已来，不闻天下有刘备，备乃举兵与术对战。

——《三国志·魏书·吕布（张邈）臧洪传》

袁术这潜台词是：“我可是四世三公的后代，贵族血统，那刘备算啥，路边摆摊儿卖鞋的小贩，一个大耳贼而已！”

既然本篇的主题是“满朝文武，谁没被我阴阳过”，那咱们就以陈寿对魏文帝曹丕的“特别夸奖”作为压轴大戏吧。

陈寿这样写道：“魏文帝曹丕，天赋异禀，文采飞扬，挥笔即成章，知识广博，才艺双全。”

文帝天资文藻，下笔成章，博闻强识，才艺兼该。

——《三国志·魏书·文帝纪》

听起来，陈寿好像是在夸曹丕聪明绝顶，文笔了得。但这夸法，怎么看都像是在说一个文学社团的文艺青年，而非一国之君。

皇帝应该有的那些品质呢？

胸怀大度、公平公众、追求远大的报负、心存弘伟的道义，但是不好意思，在文帝您身上，目前一个都没发现（若能加上这些，那就完美了）。

> 若加之旷大之度，励以公平之诚，迈志存道，克广德心，则古之贤主，何远之有哉！
>
> ——《三国志·魏书·文帝纪》

呵呵。

第一章

帝国少年：刘备早年的事迹被隐瞒了吗？

公元175年，大汉熹平四年，曹操升任为洛阳北部尉[①]，开始了自己的宦海生涯。

此时的曹操充满了自信：他是太尉曹嵩的儿子，他爹可以轻轻松松拿出一亿万钱；去年，自己被举为孝廉，拿到了仕途的入场券。

> 嵩灵帝时货赂中官及输西园钱一亿万，故位至太尉。
>
> ——《后汉书·宦者列传》

一年以来，在家里人的运作之下，他被火速提拔，年仅二十岁的他，就已经做上了京官。

> 年二十，举孝廉为郎，除洛阳北部尉，迁顿丘令，征拜议郎。
>
> ——《三国志·魏书·武帝纪》

① 古代一种官职，主要负责烽燧候望的警戒任务，且随时准备参与作战。

曹操或许踌躇满志，觉得自己好好干，跟随大汉的步伐，到退休的时候，一定能实现自己的夙愿：当上大汉的征西将军。

> 欲为国家讨贼立功，欲望封侯作征西将军。
>
> ——《让县自明本志令》

因此，出于对大汉的忠诚和理想主义，他升任北部尉之后，开始严刑峻法，造“五色大棒”，专门打击皇城根底下的权贵，最轰动的便是对大宦官蹇硕的叔叔下手。

曹操毫不留情，以“违禁夜行”的罪名将蹇硕的叔叔用五色棒处死。

> 造五色棒，县门左右各十余枚，有犯禁者，不避豪强，皆棒杀之。
>
> 后数月，灵帝爱幸小黄门蹇硕叔父夜行，即杀之。
>
> ——《三国志·魏书·武帝纪》

整顿行动声势浩大，一时间，整个洛阳无人不知曹操之名。

同时，有一些人对曹操产生了不一样的看法，他们结交曹操、利用曹操，跟曹操拉帮结派，组建关系网。其中，就有曹操一生的敌人，或者说朋友：刘备。

这就要牵扯到一段隐秘的往事了。

因此，在综合很多观点基础上，我要提出一个大胆的猜测：刘备早年曾频繁出入洛阳，而且结识了很多权贵，但这些记录，通通被刻意删除了。

【帝都求学】

熹平四年即公元175年的洛阳，繁华、雍容、庄严。

那时大汉的光辉照四方，没有黄巾起义，没有三分天下，甚至没有十常侍乱汉。老家幽州涿郡的刘备，第一次来到了大城市洛阳。

尽管家里穷得叮当响，只能靠卖鞋换点微薄的收入，但是刘母依然坚守再穷不能穷教育的理念，让刘备和族里的亲戚刘德然，借助本地刘氏宗族好不容易凑出来的钱，一起去长安留学。

> 先主少孤，与母贩履织席为业。
>
> ——《三国志·蜀书·先主传》

与刘备和刘德然同行的，还有一个来自更北边的小伙伴，他叫公孙瓒。

> 母使行学，与同宗刘德然、辽西公孙瓒俱事故九江太守同郡卢植。
>
> ——《三国志·蜀书·先主传》

而且，史书也明确说了，刘备和公孙瓒在这时，就已经结下了深厚的友谊；公孙瓒也常常像个兄长一样，在人生地不熟的洛阳，照顾呵护刘备。

> 瓒年长，先主以兄事之。
>
> ——《三国志·蜀书·先主传》

这也解释了为什么在后来，三十岁的刘备，会放弃高唐县令的职位，跑去投靠公孙瓒。

两个少年的友谊，或者说两位豪杰的交往，在十五年前，就埋下了伏笔。

到了洛阳之后，刘备和公孙瓒在学习上的表现，可谓一个天上一个地下。两人共同在当世大儒，同时也是老乡的卢植门下学习，公孙瓒非常珍惜这次能改变自己命运的机会，他刻苦努力，尊师重道，学习成绩很好。

> 后从涿郡卢植学于缑氏山中，略见书传。
>
> ——《后汉书·刘虞公孙瓒陶谦列传》

“大耳贼”刘备，却天天翘课出去玩。

旷课也就算了，刘备竟然还拿着宗族好不容易凑出来的学费，去学洛阳上流社会的行事做派，沉迷于那些最流行的奢侈品，比如：狗马、音乐、美衣服。

先主不甚乐读书，喜狗马、音乐、美衣服。

——《三国志·蜀书·先主传》

刘备的堕落让人痛心，但别急，我们要思考一个问题：为什么穷得冒泡的刘备，会“喜狗马、音乐、美衣服”？最关键的是，这些花哨的玩意，刘备是跟谁一起玩的？

【洛阳亲友】

首先，最有可能的就是跟公孙瓒一起。说不定刘备感觉“自己的堕落固然让人不悦，但是别人的努力更让人烦恼”，拉着公孙瓒一起娱乐。当然，这可能性不大。

其实，除了公孙瓒，刘备在洛阳的很多经历，都被隐藏了起来，比如说他早早就认识了曹操。

根据《英雄记》记载，灵帝末年时，也就是公元189年前后，刘备又返回了洛阳京师。

灵帝末年，备尝在京师。

《英雄记》

说返回洛阳，是因为公元175年刘备求学没多久，就离开了京师，因为他的老师卢植被朝廷派往庐江任职。在汉代，大儒们与其弟子的关系很紧密，师生间情意深重，如果卢植离开洛阳，刘备或者跟着他一起去庐江，或者就回老家。但无论去哪里，刘备只是于公元175年前后，在洛阳短暂生活过，随后便离开了。

会南夷反叛，以植尝在九江有恩信，拜为庐江太守。

——《后汉书·吴延史卢赵列传》

但是令人万万没想到的是，这一次“一离京洛十余年”的刘备，一回来就干了一件很惊悚的事——他竟然跟曹操一起，回到了曹操的老家沛国，招兵买马，准备搞事情！

灵帝末年，备尝在京师，复与曹公俱还沛国，募召合众。

——《英雄记》

那么问题来了：一个来自幽州边境、毫无名气，甚至刚丢了官的陌生人刘备，怎么能在首都里找到“官三代”曹操？就算找到了，刘备凭什么跟曹操共事，还是一起去老家招兵这种异常要紧的事？

其实，在公元175年洛阳求学时，刘备就认识了曹操。

那时的曹操，棒打权贵；那时的刘备，豪气干云。两人在二十多岁，风华正茂的年纪，建立了友谊、信任，甚至理想。

这才能解释，为什么在十多年后的公元189年，眼看大汉将倾、尚有理想主义精神的曹操和矢志再造大汉的刘备，又走到了一起，回到了乡野，招兵买马，积蓄力量。

这也解释了，为什么留学时，身无余财的刘备会喜欢狗马、音乐、美衣服，因为在岁月静好的熹平四年，上层社会就喜欢这一套东西，比如曹操的爱好，就是“飞鹰走狗”。

太祖少好飞鹰走狗，游荡无度，其叔父数言之于嵩。

——《三国志·魏书·武帝纪》

刘备拿着并不充裕的资金去大肆消费，就是想去打开与上层人物交往的渠道，开拓自己在上流社会的人脉。

但其实，汉崩塌之前，刘备在洛阳活动的范围和交往的人，绝对不止曹操和公孙瓒。

【隐秘过往】

其实，如果仔细读《三国志》，就会对刘备的一项技能感到疑惑，那就是他超级“自来熟”的天赋。

因为无论什么样的英雄人物，当他们接触到刘备之后，总是会高看一眼，并且给予不俗的评价，比如曹操对刘备明确表示“天下英雄，使君与操”。

再比如，刘备去投靠已经在河北呼风唤雨，实力强悍的袁绍，袁绍竟然会亲自出城二百里迎接。

绍遣将道路奉迎，身去邺二百里，与先主相见。

——《三国志·蜀书·先主传》

再比如，一向谁也不服的孔融，城破之前，竟然向刘备求救，吓得刘备惊呼“孔北海竟然还知道我刘备”。

> 融逼急，乃遣东莱太史慈求救于平原相刘备。
>
> 备惊曰：“孔北海乃复知天下有刘备邪？”
>
> ——《后汉书·郑孔荀列传》

再比如著名狠人陈珪、陈登父子，一个弄吕布如弄婴儿，一个被评价是元龙豪气，这样的人物，一提起“大耳贼”刘备，也说：“雄姿杰出，有王霸之略”。

> 雄姿杰出，有王霸之略，吾敬刘玄德。
>
> ——《三国志·魏书·吕布（张邈）臧洪传》

而且以上评价，都是在赤壁大战之前，换言之，都是刘备“一穷二白”，被人撵得满地跑的时候所获得的。

当然，也有人怒斥刘备，比如，袁术听到刘备率军攻击自己的时候，感觉受到了奇耻大辱，说：“我袁术长这么大，就没听说过什么刘备！”

> 术生年以来，不闻天下有刘备！
>
> ——《后汉书·刘焉袁术吕布列传》

那么问题来了，为什么这么多豪杰人物，总是一见面就乐呵呵跟刘备聊家常，并不吝赞美、褒扬刘备，甚至很多人都选择与刘备合作，共创事业呢?

其实，看完刘备和曹操在洛阳时被删去的过往，大家应该有一个隐隐的认知：刘备早年的事迹，尤其是在洛阳的记录，被大量删除了；刘备的名声，或许早在洛阳阶段，就已经显闻天下了。

【帝都岁月】

跟大家的固有印象不同的是，刘备并非始终势单力薄，相反，他曾经有过很多朋友，很多生死契阔的朋友。

比如，后来曹操的刺史牵招。

> 牵招字子经，安平观津人也。
>
> ——《三国志·魏书·满田牵郭传》

陈寿因为种种原因，对牵招的经历讳莫如深。

在《三国志》里，他只扭扭捏捏地提到了，在天下大乱之前，牵招的老师曾经是大将军何进的弟弟，车骑将军何苗的长史。除此之外，便是牵招辗转于各个领袖之间奔波的故事，完全没提他跟刘备之间到底有什么关系。

> 后隐为车骑将军何苗长史，招随卒业。
>
> ——《三国志·魏书·满田牵郭传》

因此我们似乎只能判断出，牵招年轻时，确实在洛阳生活过，主要是在车骑将军何苗手下的中央军任职。

但是，陈寿遮遮掩掩不敢告诉世人的事情，被后来西晋的人大喇喇地刻在了石碑上。

原来，牵招竟然跟刘备是刎颈之交[1]。

晋人所立的《雁门太守牵招碑》中明确记载，牵招和刘备从小一块长大，两人英雄相惜，同心同德，为刎颈之交。只是后来牵招投靠曹操，而曹操已经跟刘备敌对，牵招无可奈何，只能低调起来，并因此在曹魏的仕途不顺。

君与刘备少长河朔，英雄同契，为刎颈之交。

——《雁门太守牵招碑》

牵招，以及他曾经任职过的洛阳中央军，又是另一个与刘备有关的乱世故事，被我们挖了出来。

别急，后面还有更多惊喜在等着。

公元 184 年，黄巾大起义爆发，摧毁汉帝国的大动荡来袭。

这一年刘备参军，跟随校尉邹靖，带着自己的部队讨伐黄巾起义军，九死一生后，刘备获得了官职，任安喜尉[2]。

---

① 指同生死共患难的朋友。

② 一个官职，类似在汉代人口较少的县设置的县尉。

先主率其属从校尉邹靖讨黄巾贼有功，除安喜尉。

——《三国志·蜀书·先主传》

这本来是一段耳熟能详的历史，随后刘备“鞭打督邮”丢掉了官职。

但是，先不管“鞭打督邮”，我们把目光向前移，就会发现一个常常被忽略的点，就是这个校尉邹靖。

根据现有史料，我们发现这个邹靖除了带领部队讨伐黄巾起义军，关于他的记载还有两条，一条是《英雄志》里的，邹靖曾经跟公孙瓒一起打击胡人。重点来了，这个时候的邹靖，官职是破虏校尉。

公孙瓒与破虏校尉邹靖俱追胡，靖为所围。

——《英雄记》

另外一条是，中平二年，由于大汉朝廷被羌胡烦得够够的，时任北军中候的邹靖，曾经向大将军发表过军事建议。

嵩请发乌桓三千人。北军中侯邹靖上言。

——《后汉书·杨李翟应霍爰徐列传》

这时的邹靖，是北军中候，是中央军里面中层，甚至领导干部层的人物。

无论是破虏校尉，还是北军中候，都说明了邹靖曾长期在部队方面任职，而且也在中央及洛阳长期生活。

对于邹靖这样一个位置高、责任重大的将领来说，“剿灭黄巾”这样严肃的政治任务，是不可能随便交付给别人的。刘备能在他麾下做事，或者是有人给邹靖打了包票，或者是邹靖和刘备早就相识。

同牵招一样，“军队”“洛阳”“旧相识”，这样的关键词，也出现在邹靖身上。我们基本上可以推断出，邹靖和刘备也有来往，互相信任。

邹靖，是刘备在洛阳的人脉关系之一。只是他们的记载，也被删除了。

那么，除了隐藏起来的曹操、被删的牵招和被忽视的邹靖，还有别的人被刻意隐藏了吗？

还真有，甚至可以说，这个人的出现，让刘备的面目，变得更加真实、复杂甚至厚黑起来。

他，就是袁绍。

【风云相会】

在《英雄记·曹操》开篇就记载，曹操和刘备曾经一起秘密计划干掉袁绍；然而刘备扭头就把这个计划告诉了袁绍，袁绍此时才恍然大悟，原来曹操想要消灭自己。

> 曹操与刘备密言，备泄之于袁绍，绍知操有图己之意。操自咋其舌流血，以失言戒后世。
>
> ——《英雄记·曹操》

简简单单几十个字，一个狗血的三角关系就这样呈现出来了。

首先，刘备跟曹操，曾经有过一段互信的“蜜月期”，两人经常谋划一些大事，包括但不限于干掉袁绍。

其次，刘备跟袁绍的关系也是互信的，刘备透露给袁绍的信息，袁绍高度认可，甚至即便刘备身在曹营，名义上是曹操的人，刘备也拥有与袁绍沟通的渠道，而且袁绍对刘备的话依然选择相信。

最后，在刘备左右逢源，同时取得两边信任的时候，曹操和袁绍在表面上仍然是盟友，所以才会有曹刘“私下密谋”干掉袁绍，袁绍收到消息之后恍然大悟、大吃一惊。

此时远远没有到官渡之战，袁绍、曹操决裂对抗的阶段。

也就是说，刘备投靠袁绍之前，两人已经相熟。

刘备是什么时候与袁绍建立了这么密切的关系呢?

答案还是，洛阳求学阶段。

汉末天下动荡，社会治安恶化，各地都有一些小混混拉帮结派，做一些不三不四的事情。史书上把这种现象称为“游侠”“轻侠之风”。

汉魏时期很多知名人物青少年时都做过这种事，比如孙坚、曹操、刘备、甘宁、鲁肃、许褚等等。

> 下将乱，（鲁肃）乃学击剑骑射，招聚少年，给其衣食，往来南山中射猎，阴相部勒，讲武习兵。
>
> ——《三国志·吴书·周瑜鲁肃吕蒙传》

汉末，（许褚）聚少年及宗族数千家，共坚壁以御寇。

——《三国志·魏书·二李臧文吕许典二庞阎传》

而最大的游侠头子，是汉帝国根正苗红的好后生——袁绍。

史书明确记载了，袁绍年轻时曾经广泛结交天下游侠，甚至阴养死士，以至于袁绍的死对头，宦官党的赵忠也忧心忡忡地说："袁绍这厮'好养死士'，不知道这小子到底想干什么。"

中常侍赵忠言于省内曰：袁本初坐作声价，好养死士，不知此儿终欲何作。

——《后汉书·袁绍刘表列传》

曹操和袁绍的渊源颇深，这一点毋庸置疑。袁绍算是这些"游侠儿"的头头，曹操是袁绍这个小集体里的重要"骨干"，从小就跟着袁绍"混"。

绍有姿貌威容，能折节下士，士多附之，太祖少与交焉。

——《三国志·魏书·董二袁刘传》

《世说新语》里，两人的形象都很糟糕，不干人事，去强抢新娘子。

魏武少时，尝与袁绍好为游侠。

魏武乃入，抽刃劫新妇。

——《世说新语·假谲》

结果袁绍不小心掉进灌木丛，动弹不得，眼看新娘的家人就要追过来了，小机灵鬼曹操忽然对着四周大喊道："贼人在这儿！"袁绍闻言大惊，迸发出全身的力量，一下子跳出灌木丛，两人逃走了。

与绍还出，失道，坠枳棘中，绍不能得动。
复大叫云："偷儿在此！"
绍遑迫自掷出，遂以俱免。

——《世说新语·假谲》

在《三国志》里也有明确的表述，年岁渐长后，曹操不仅好飞鹰走狗，而且还"任侠放荡"，即放浪形骸，意气用事，豪侠习气十足；袁绍也一样，在《后汉书》里有明确的记载，早年间喜爱结交各路人马，虽出身豪门望族，却广结社会下层的贤达之士，所以很多人愿意投靠他。

太祖少机警，有权数，而任侠放荡，不治行业……

——《三国志·魏书·武帝纪》

绍有姿貌威容，能折节下士，士多附之……

——《三国志·魏书·董二袁刘传》

更别提汉灵帝死前搞出的独立于军队之外的西园八校尉，袁绍和曹操赫然在列。

> 稍迁中军校尉，至司隶。
>
> ——《三国志·魏书·董二袁刘传》

> 征太祖为典军校尉。
>
> ——《三国志·魏书·武帝纪》

其实，两个人都是好乱分子，值得注意的是，曹操此时是依附于袁绍搞事的。

由此，一张以袁绍为核心的、巨大的人脉网络逐渐清晰了。

袁绍借助袁家四世三公的巨大声望，用“少仕朝野”的政治能量，与以曹操为首的各类子弟建立关系，并继续向下层发展，豢养和结交以刘备为代表的豪侠，即江湖草莽，在汉帝国分崩离析之前，就已经建立了能参与乱世角逐的组织。

> 绍有姿貌威容，爱士养名。
>
> ——《后汉书·袁绍刘表列传》

刘备，或许就是袁绍这个隐秘的大团体中，一个异常重要的人物。

他既跟曹操建立了深厚的友谊，又跟袁绍关系很好，既能在中央禁军手下参与剿匪，又与大将军长史的部下牵招是生死之交。

因此，我有一个猜测：其实，刘备曾经是曹操的挚友和同盟，曾经是袁绍手下的骨干；他十五岁在洛阳时，与公孙瓒、牵招、邹靖以及众多汉末豪杰人物，建立了超乎寻常的友谊和信任；他曾经做出过一些事，让孔融、陈登、刘表、袁绍、曹操这些帝国重臣和贵胄子弟眼前一亮，纷纷投来欣赏的目光。其实，这些被删掉的事件和过往，那些讳莫如深的经历和人脉网，早就使刘备名满天下了。

最后，来个阴暗小故事，或者说，还原一下刘备的形象：

人们总说刘备漂泊半生、随波逐流；而真实的他，这个来自帝国边陲的少年，早在十五岁时，就树立了永恒的志向：匡扶汉室！

然折而不挠，终不为下者……

——《三国志·蜀书·先主传》

人们总说刘备出身低微，是“贩席织履”、不入流的小人物；然而真实的他，取得了曹操的信任，也取得了袁绍的信任，甚至取得了绝大多数汉末英雄的青睐，人们纷纷称他为“王霸英略”。

人们总说刘备哭哭啼啼，优柔寡断，妇人之仁；然而真实的刘备“喜怒不形于色”，轻易不表露态度，做起事来心硬、手狠，性格坚毅，曹操、袁绍，只是他宏伟理想中的棋子。

少语言，善下人，喜怒不形于色。

——《三国志·蜀书·先主传》

刘备深知自己没有基业，所以早在少年时代，就开始结交各类像关、张一样的“豪侠”“少年”。

好交结豪侠，年少争附之。

——《三国志·蜀书·先主传》

人们总疑惑老刘到底使了什么手段，能让天下豪杰都对他高看一眼，纷纷夸赞。实际上，刘备早年间的事迹，虽然不为后人所知，却被同时代的豪杰所敬仰、重视，人们看到那个坚韧、厚重、有手腕的刘备向自己走来时，纷纷报以热切欢迎，由此开启了风云际会、共谋大业的征程。

夫刘备，人杰也，今不击，必为后患。

——曹操

但是我依然很困惑，袁绍的事迹都不曾被刻意删除，为什么要删除刘备的？陈寿到底在隐瞒什么呢？

第二章

江东猛虎：血腥的发家，必然的疯狂

公元 250 年，东吴赤乌十三年。

发生在东吴旷日持久的党争，终于落下了帷幕，已经垂垂老矣的孙权，决定大开杀戒，最终选择了残酷处理缠斗的双方——太子孙和被废，鲁王孙霸赐死。

谮毁既行，太子以败，霸亦赐死。

——《三国志·吴书·吴主五子传》

这场“二宫相争”，事态早已经失控。

丞相陆逊卷入二宫之争，被孙权屡次批评谴责，悲愤而死。

太子太傅吾粲，因与陆逊交流信息，被关押入狱，最后死于狱中。

太子生母王夫人，被孙权责骂，抑郁中暴毙而亡。

太子党的首脑人物顾谭、顾承等人，或下狱，或流放，或被杀。

鲁王党的全寄、吴安、孙奇等人，也被孙权下令诛杀。

二宫之争以一场残酷的大清洗做结尾。

由此为霸、竺等所谮害，下狱诛。

权累遣中使责让逊，逊愤恚致卒，时年六十三，家无余财。

权由是发怒，夫人忧死。

又诛寄、安、奇等，咸以党霸构和故也。

——《三国志·吴书》

目前史学界普遍认为，这场政治斗争导致了东吴大批精英的殒落，以至于东吴政权陷入危亡的地步。

那么问题来了，为什么东吴会爆发这样长时间、大规模、血腥的政治斗争？为什么平稳执政二十多年之后，孙权变得如此激进？为什么一向被称为“屈身忍辱”的孙权，到了晚年不再忍了，变得喜怒无常？

如果想要答案，那就必须回到孙权刚刚成为江东领袖的那一天。

【猛虎孙氏】

孙权所在的家族富春孙氏，《吴书》说他们家世世代代在东吴当官，这其实只不过是一种美化的说辞，孙家的背景，实际上比刘备还草根。比如说，如果真的世代当官，孙权的爷爷也不至于“种瓜为业”。

孙钟，吴郡富春人，坚之祖也。与母居，至孝，笃信，种瓜为业。

——《幽冥录》

虽然，孙权后期面对曹操、刘备的时候，好像很怂。但实际上，整个孙氏家族，在东汉末年那个风云激荡的年代里，核心特质可以概括为一个“莽”字。

孙权老爹孙坚，十七岁出来“混社会”，遇到一伙不法分子，第一感觉竟然是兴奋，认为自己建功立业机会到了，并且不怕死地跟上去，亲手砍了一个脑袋回来。

> 坚追，斩得一级以还。父大惊。
>
> ——《三国志·吴书·孙破虏讨逆传》

出名之后，孙坚混上了官身，历任盐渎丞、盱眙丞、下邳丞，看起来好像是个正经官，但主要工作还是剿匪——打打杀杀。

黄巾起义之后，孙坚带着自己从老家招募来的半大小子、无业游民和跑商旅的，参与剿灭黄巾军的战斗。此时的孙坚一如既往的生猛，即便已经做了指挥员，但还是喜欢带队冲锋，经常亲自冲入战阵，撕开一个口子。

> 坚身当一面，登城先入，众乃蚁附，遂大破之。
>
> ——《三国志·吴书·孙破虏讨逆传》

孙坚凭借着从老家带来的亲戚和乡里，在乱世之中一点点争地盘、博身份。

站在后人的视角，我们当然可以说孙坚是一头猛虎，但在当时人们的眼中，孙氏只不过是来自杭州地区的，一股比较能打的草莽势力罢了。

在大汉，这样的“宗贼”“豪强”太多了，听话就给个一官半职，如果不听话，就处理掉——朝廷哪年不得剿灭十几伙山贼？

例如刘表单骑入荆州的时候，荆州境内漫山遍野的“宗贼”，刘表只需要控制几个关键人物，就能把整个荆州全部拿捏。

许褚在北方打黄巾军的时候，也是带着亲戚子弟，几千家人一起上阵，不比孙坚的人多多了？

> 时江南宗贼大盛，又袁术阻兵屯鲁阳，表不能得至，乃单马入宜城，请南郡人蒯越、襄阳人蔡瑁与共谋画。
>
> ——《后汉书·袁绍刘表列传》

> 汉末，聚少年及宗族数千家，共坚壁以御寇。
>
> ——《三国志·魏书·二李臧文吕许典二庞阎传》

因此，在这种境地下，孙坚想要成为最终的“破虏将军”，可谓难上加难。

所以，他才会积极参与讨灭黄巾军，拼命换前途。

所以，他才愿意带着自家子弟，去凉州苦哈哈地对付胡人。

所以，当董卓势大，十八路联军都不敢冒头的时候，是孙坚带着自家后生，冲入敌阵、穷追猛打，跟残暴的西凉军厮杀。

> 中平元年，黄巾贼帅张角起于魏郡……坚又募诸商旅

及淮、泗精兵，合千许人，与俊并力奋击，所向无前。

——《三国志·吴书·孙破虏讨逆传》

灵帝崩，卓擅朝政，横恣京城。坚亦举兵。

——《三国志·吴书·孙破虏讨逆传》

这种敢打敢冲、不要命的生存法则，替孙坚和孙氏家族，在阶级异常固化、世家大族云集的东汉，争夺了一小块位置。

那孙坚的这种特征，是孙氏家族的个例吗？不是的。

应该说，整个老孙家，都有“猛人”的基因在。

孙坚儿子孙策，人称小霸王，一箭射中敌人面门，喊一嗓子把敌人吓得坠马而亡，都是日常操作。

孙坚遇刺之后，部曲全都被袁术扣下，孙策几乎仅凭一己之力再造基业，横扫江东，屡战屡胜，平生未逢一败。

策遣步骑数百挑战，设伏于后，贼出击之，锋刃未接而伪走，贼追入伏中，乃大破之，斩首千馀级。

——《三国志·吴书·孙破虏讨逆传》

孙权呢？

实际上，他也有老孙家传承的“莽”和“勇”，《三国志·张顾诸葛步传》中记载，孙权年轻时喜欢打猎，尤其喜欢骑着马射杀老虎，享受连人带马暴露在老虎的爪牙范围内，吸引老虎袭击自己的快感，所以打猎时经常发生老虎突袭马匹的情况。

权每田猎，常乘马射虎，虎常突前攀持马鞍。

——《三国志·吴书·张顾诸葛步传》

张昭劝他，他不听，反而变本加厉，拿武器亲自与野兽搏杀，感受战斗的乐趣，苏轼的词句“亲射虎、看孙郎”，就是指的少年孙权。

时有逸群之兽，辄复犯车，而权每手击以为乐。

——《三国志·吴书·张顾诸葛步传》

另外一些孙家子弟，也有这样的特征，例如：孙坚的弟弟、孙策的叔叔孙静，在攻打江东受阻的时候，第一反应是“我要亲自带队冲锋”。

吾当自帅众为军前队，破之必矣。

——《三国志·吴书·宗室传》

孙权的弟弟孙翊，《三国志》称他“骁悍果烈”，气质一点儿不输大哥孙策和二哥孙权。

孙翊字叔弼，权弟也，骁悍果烈，有兄策风。

——《三国志·吴书·宗室传》

孙家子弟到底有多强？其实这个问题并不需要我们回答。

同一时期的曹操和袁术两位大佬就已经发出了感慨：一个说“生子当如孙仲谋”；另一个说“使术有子如孙郎，死复何恨”。

> 喟然叹曰：“生子当如孙仲谋，刘景升儿子若豚犬耳！”
>
> ——《吴历》

> 术常叹曰：“使术有子如孙郎，死复何恨！”
>
> ——《三国志·吴书·孙破虏讨逆传》

【草莽之哀】

当孙坚打跑董卓，第一个攻入洛阳，试图恢复大汉秩序时，他已经不是一伙草莽的头目了，而是那些大人物嘴里的“英雄”。只不过，大人物们只愿意口头施舍两句。

孙氏草莽起家，天然就与统治阶级存在着各种矛盾，只不过面对黄巾军和董卓这些共同敌人的时候，大家暂且还能坐下来说说话。

大士族和大官僚看不起孙坚的主要原因，除了出身低，还在于孙坚对秩序的破坏无比之大。

这种破坏秩序，往小了说是恃强凌弱。孙坚看上吴家的大姑娘，想娶人家；吴氏不同意，孙坚发狠，竟然想杀人满门，吓得吴氏女说出“不要因为我而导致家族灾祸”这种话。

> 孙坚闻其才貌，欲娶之。吴氏亲戚嫌坚轻狡，将拒焉，

坚甚以惭恨。

夫人谓亲戚曰："何爱一女以取祸乎？如有不遇，命也。"

——《三国志·吴书·嫔妃传》

往大了说是残害忠良。孙坚即便已经是朝廷任命的长沙太守了，却还保持着土匪作风，比如荆州刺史王叡在和孙坚一起工作的时候，言语轻慢，这件事被孙坚记在了小本本上，后来孙坚路过王叡的治所，混在一伙乱兵之中，趁机扣押了王叡，逼王叡自杀。

王叡问："我何罪？"

孙坚没有正当理由，却还振振有词："你无知，就该死！"

最终，王叡被逼饮金屑酒而死。

叡曰："我何罪？"

坚曰："坐无所知。"

叡穷迫，刮金饮之而死。

——《三国志·吴书·孙破虏讨逆传》

这还没完，继续北上的路程中，孙坚又路过南阳太守张咨的地盘，他和张咨说：我快不行了，你赶紧来我军营，我有重要工作转交给你。结果张咨一到军营，孙坚立刻蹦起来，又打又骂，完事几剑把张咨砍死。

遣所亲人说咨，言病困，欲以兵付咨。

无何，卒然而起，按剑骂咨，遂执斩之。

——《三国志·吴书·孙破虏讨逆传》

王叡和张咨是朝廷命官，是士族代表，史书不曾记载他们的过错，就是因为没对孙坚“礼遇”，结果横死当场，这合理吗?

了解了孙坚这种丝毫没有规矩意识的性格特征，我们也就明白为什么当孙坚第一次见到董卓的时候，心里嘀咕的是怎么当场弄死他；也解释了为什么当袁术断了孙坚的物资之后，孙坚会愤怒地连夜奔驰一百里，去找袁术要个说法。

阳人去鲁阳百余里，坚夜驰见术。

——《三国志·吴书·孙破虏讨逆传》

这也解释了，当孙坚的性格让所有人都感到忌惮的时候，那结局已经注定——他会死于报复。被他破坏秩序而结下的那些仇家所报复。

因此我们能看到，原长沙太守孙坚，被另一个长沙太守黄祖埋伏，遇刺身亡。

坚乘胜夜追祖，祖部兵从竹木间暗射坚，杀之。

——《三国志·吴书·孙破虏讨逆传》

孙策像孙坚一样喜欢杀人，并且专杀大官和名人，越是世俗意义上受人敬仰的，他越喜欢杀。

高岱，是大知识分子，在与孙策交谈的时候，孙策误以为高岱瞧不起自己，当即下令将其关押起来，结果乡里士人都来给高岱求情，孙策更是发怒，随即下令杀人。

> 策登楼，望见数里中填满。
>
> 策恶其收众心，遂杀之。
>
> ——《三国志·吴书·孙破虏讨逆传》

于吉，是快一百岁的老医生，虽然在一定程度上有组织宗教的嫌疑，但生平治病救人无数，还经常为将士提供“医护服务”，当地的干部群众对他都很感激、很崇敬。结果因为孙策请客吃饭时，宾客都跑去给于吉磕头行礼而不搭理孙策，便让孙策动了杀心。

> 于先生亦助军作福，医护将士……诸将宾客三分之二下楼迎拜之，掌宾者禁呵不能止。
>
> 策即令收之。
>
> ——《三国志·吴书·孙破虏讨逆传》

并且谁劝也不好使，孙策母亲来劝，不行，部队将领联合请愿，也不行，孙策一定要杀了于吉，并且要砍下他的脑袋，挂在闹市口警告众人。

> 即傕斩之，县首于市。
>
> ——《三国志·吴书·孙破虏讨逆传》

许贡，是吴郡都尉，一方长官，他写信给曹操，提醒他要注意孙策，提前做好应对孙策的准备。孙策知道后，让武士把许贡勒死。

孙策像他爹一样在江东杀来杀去的结果就是，作为外来户的孙家，统治基础异常不稳定，江东人非常不服：

严白虎不服，率领宗族起兵闹事。

祖郎不服，带着亲戚子弟攻击孙策。

陈登不爽，准备做局颠覆孙策。

被孙策残杀的许贡的门徒，更是不服，其中有三人，本着以血还血的原则，以三人的性命为赌注，做好埋伏，最终在野外成功刺杀了孙策。

> 贡奴客潜民间，欲为贡报仇……余二人怖急，便举弓射策，中颊。
>
> ——《三国志·吴书·孙破虏讨逆传》

孙策像他父亲一样，死于仇家复仇。

【屈身忍辱】

然而，孙家并不是只有这两人冲动和莽撞，应该说，冲动和莽撞是孙家基因中流动的、不可规避的问题。

除了孙坚、孙策横死，其他孙家子弟中：

孙翊，死于仇家刺杀；

孙河，死于仇家刺杀；

孙暠，一时冲动，准备造反夺权；

孙辅，受了委屈，一怒之下投敌；

（孙翊）后卒为左右边鸿所杀，鸿亦即诛。

——《三国志·吴书·宗室传》

二人议曰：……遂杀（孙）河。

——《三国志·吴书·宗室传》

辅恐权不能保守江东，因权出行东冶，乃遣人赍书呼曹公。

——《三国志·吴书·宗室传》

孙家在战场上的优点，此时全变成了缺点：

战场上的勇敢，变成了处理内政时的莽撞，屡屡处置失衡；

打仗时的果敢，变成了政治操作时的血腥，整个江东离心离德；

就连孙权本人，也在多年之后，差点被身边人刺杀。

茂引兵入苑击权，分据宫中及石头坞，遣人报魏。

——《三国志·吴书·吴主传》

在孙策被刺杀而把江东基业交给孙权的那个瞬间，孙权就已经明白了，如果孙家要在江东立足，那么“屈身忍辱”几乎是自己唯一的选择。

将死的孙策也意识到这一点，当手下的班子成员建议三弟孙翊接班时，孙策并不赞同，他更中意老二孙权，并在病榻上给孙权谆谆教导：

率领子弟、横扫疆场，逐鹿天下，你不如我；

举贤任能、团结同僚、稳定统治，我不如你。

> 举江东之众，决机于两陈之间，与天下争衡，卿不如我；举贤任能，各尽其心，以保江东，我不如卿。
>
> ——《三国志·吴书·孙破虏讨逆传》

或许孙策死前曾对孙权这样说过：

“老二啊，不要再像咱爹和我这样莽撞，领袖已经不再需要冲锋陷阵了，把人都团结在你周围，安排合适的人干合适的事，孙家能不能在江东保全，就全看你了。”

事实上，在江东，孙氏本来就是外来户，且家世低微，还有严重的历史遗留问题，压根就不是江东士族的理想统治者，可是在命运的交汇下，两者还是结合在一起，结成了利益共同体。

十八岁的孙权上位，面对的是一个异常棘手的局面，为了稳定统治，非本地家族的孙氏必须依靠江东世家大族的支持，因此他只能积极拉拢江东士族。

此时，本土派的“吴郡四姓”即陆、顾、朱、张四家，作为江东世家大族的代表站到了孙氏的背后，成了东吴重要的政治与经济力量，“吴郡四姓”也都获得了孙权的巨大回报，他们的家族子弟都被委以重任。

> 吴四姓，旧目云：张文朱武，陆忠顾厚。
>
> ——《世说新语》

但君主和门阀的矛盾，是不可调和的。

孙权成为共主，尤其是称帝之后，想要集权；而江东大户和豪门贵族想要获得独立性，这二者本来就是南辕北辙的。因此在东吴政权存续的时间里，孙氏和世家大族的斗争一直没有停止过。孙权曾经试图改变这种现状。

历来加强君主集权，一靠改革，二靠战争。

孙权本来有机会解决这个问题，可是几次对外战争失利让他丧失了最好的机会，后来在各种因素的掣肘下，孙权已经无法掌控日益强大的世家大族，更无力解决问题，只能巧妙周旋，寻找一个平衡点，维持大体的稳定。

战争不能增加孙氏声望与势力，那就只能靠整治内部。所以，在忍了二十多年后，在忍耐“吴人进宫拜我，出门就拜你张昭”后，在忍耐“陆逊儿子迎娶张昭孙女”后，即江东士族与淮泗集团互相联姻之后，在用“暨艳案”“吕壹案”打击士族集团而没有效果后，加之培养了多年的原太子孙登去世，孙权开始惶恐了。

> 权不能堪，案刀而怒曰：吴国士人入宫则拜孤，出宫则拜君，孤之敬君，亦为至矣。
>
> ——《三国志·吴书·张顾诸葛步传》

> （暨）艳、彪皆坐自杀。
>
> ——《三国志·吴书·虞陆张骆陆吾朱传》

> 时同坐人皆怖畏（吕）壹。
>
> ——《三国志·吴书·是仪胡综传》

他惶恐于父亲、兄长死于仇家刺杀，惶恐于世家大族互相联姻，惶恐于自己几十年如一日的“屈身忍辱”，更惶恐于未来孙家的接班人可能压根镇不住这些大族。

于是，他最终决定，把这些大族都带走。

随后孙权抛出两个皇子，一个孙和，一个孙霸，让百官和大族尽情地进行政治投机、站队和互相攻讦。他继续耐心等待，用七年的时间，等到老一辈士族领袖凋亡得差不多了，等到朝堂上的派系分化已经很明显了，等到可以兴起大狱的时机了，孙权立即大开杀戒，展开大清洗。

陆逊其实是死于世家大族代表的身份，他的立场天然站在“反集权”一边。无论他对东吴有多大的贡献，孙权最终还是不能容忍这样人物存在。

所以，孙权晚年昏聩了吗？性情大变了吗？

其实都没有，只不过是一头江东猛虎，忍了一辈子，在临死前布下一场精妙的局和一次殊死的反扑罢了。

二十三年十月……马为虎所伤，权投以双戟，虎却废。

——《三国志·吴书·吴主传》

第三章

大汉灭亡：赤壁大战，对汉朝宣判的死刑

公元208年，建安十三年，曹操带着号称八十万兵马，到长江沿线重镇——夏口，准备对东吴政权发起最后一击。这就是汉末著名的战役——赤壁之战。

当孙权把曹操的信展示给众人的时候，诸位臣工感到惊骇不已，纷纷建议孙权 :“曹公这么强大，我们还是直接投降吧？”

> 权得书以示群臣，莫不向震失色。
>
> ——《江表传》

但问题是，为什么前期集体表示希望投降的诸如张昭、顾雍、步骘、诸葛瑾等人，即大家戏称的“东吴带路党”，到了后面，又全部死心塌地地辅佐孙权，要坚决跟曹魏战斗到底呢？

赤壁大战后，到底发生了什么呢？

【一扫六合】

曹操年轻时，最大的志向就是成为征西将军，率领军队南征北战，把那些不服大汉的乱臣贼子全部打到熄火。刚参加工作时，他造五色棒，棒打阉党，心里想的是 : 这帮宦官，是附着在大汉身上的蛀虫，我要为大汉清理奸邪。

黄巾起义时，曹操拜骑都尉，在颍川郡四处“灭火”，剿灭黄巾军，是因为黄巾正试图颠覆我汉，我要捍卫大汉江山。

> 光和末，黄巾起。
>
> 拜骑都尉，讨颍川贼。
>
> ——《三国志·魏书·武帝纪》

讨伐董卓时，十八路联军都不敢冒进，只有曹操打得最卖力，甚至到了全军覆没、死里逃生的境地，那是因为董卓这厮是国贼，为国除贼理所当然。

> 到荥阳汴水，遇卓将徐荣，与战不利，士卒死伤甚多。
>
> ——《三国志·魏书·武帝纪》

官渡大战，曹操死战不退，在智力用尽的最后一刻，终于实现绝境翻盘，不仅击溃了袁绍，更重要的是帮助大汉击溃了最大的割据势力，替大汉基本实现了北方的统一。

因此，带着这种初心与使命，曹操在建安十三年，雄心勃勃地挥师南下，想要直接一统江山。

在曹操看来，他就是那个辛辛苦苦帮大汉打天下的周公呀，统一之后退居幕后，深藏功与名，岂不美哉？

山不厌高，海不厌深。

周公吐哺，天下归心。

——《短歌行》

但是我们知道，赤壁之战，打崩了。

【战前阴云】

一个显而易见的问题，曹操该不该此时南下？

其实不用我们后人猜来猜去，曹操自己的幕僚班子里就有人发表过不同意见。

毒士贾诩的意见是暂时不要南下，先在长江沿线积累力量，练兵、屯粮、备战，等着南方不战自溃，自己来投降。但曹老板不听。

诩谏曰：若乘旧楚之饶，以飨吏士，抚安百姓，使安土乐业，则可不劳众而江东稽服矣。

太祖不从，军遂无利。

——《三国志·魏书·贾诩传》

“食人魔”程昱也劝了，他的意见是如果江东只有孙权，那应该问题不大，但现在刘备“窜逃”江东，两人一旦联手，就很难对付了。他的潜台词是要首先分化孙刘，再图谋进军。结果曹操还是不听。

昱料之曰：刘备有英名，关羽、张飞皆万人敌也，权必资之以御我。

——《三国志·魏书·程郭董刘蒋刘传》

当然，最奇怪的就是荀彧。

建安十二年，荀彧还在出谋划策，建议曹操怎么打刘表；可到了建安十三年，荀彧就像凭空消失了一样，再也没有出现在史书中，一转眼就直接蹦到了建安十七年。

（十二年）太祖将伐刘表，问彧策安出，彧曰：……

十七年，董昭等谓太祖宜进爵国公，九锡备物，以彰殊勋，密以谘彧。

——《三国志·魏书·荀彧传》

不仅曹操这边开战前气氛异常，江东那边，上上下下的想法也都出奇一致，那就是投降。

而势力众寡，又不可论。愚谓大计不如迎之。

——《三国志·吴书·周瑜鲁肃吕蒙传》

但其实吧，东吴众人的反应是正常的，真正“包藏祸心”的，反而是诸葛亮、周瑜等人。

【大汉臣工】

分析东吴诸臣一致主张投降的行为，不能直接以“三国思维”去看待，首先应以“大汉臣子”思维来看待。

建安十三年赤壁大战之前，江东的诸臣是朝廷的臣工，而不是孙家的臣子。

所谓的投降派张昭，他不是孙家豢养的鹰犬，而是大汉士人。两百年后，裴松之在给《三国志》做注的时候就说了，张昭劝孙权投降曹操，是为了“上保汉室，下护黎民”，曹操代表大汉朝廷，归顺曹操就是归顺朝廷，为什么不归顺？

> 张昭劝迎曹公，所存岂不远乎？
> 上籓汉室，下保民物；
> 鼎峙之计，本非其志也。
>
> ——《三国志·吴书·张昭传》

再看顾雍，他们家从曾祖父那辈儿就开始出仕。他参加工作之后，先担任合肥县县长，随后转任娄县、曲阿、上虞等地方的长官，每处都有政绩。这是什么？这是大汉培养出来的好干部，对于顾雍来说，曹操代表大汉来江东主持工作，为什么要起兵对抗？

> 州郡表荐，弱冠为合肥长，后转在娄、曲阿、上虞，皆有治迹。
>
> ——《三国志·吴书·张顾诸葛步传》

再看步骘，步骘给讨虏将军孙权当主簿，看起来好像是孙权的人。然而，孙权的讨虏将军是由曹操上奏朝廷封的。与其说步骘在给孙权干活，不如说步骘在给大汉干活。再说，步骘在孙权手下干了没几天就溜了，宁可跟诸葛瑾游山玩水也不出来当官。

> 孙权为讨虏将军，召骘为主记。
>
> ——《三国志·吴书·张顾诸葛步传》

> 岁余，骘以疾免，与琅邪诸葛瑾、彭城严畯俱游吴中，并著声名，为当时英俊。
>
> ——《三国志·吴书·张顾诸葛步传》裴松之注引《吴书》

最后一点，就更别提孙家是怎么发家的了：

本来江东地区，正经的朝廷命官是刘繇，刘繇是大汉宗亲，是官方认证的扬州刺史，一度被朝廷加授为扬州牧、振武将军。

> 汉命加繇为牧，振武将军，众数万人。
>
> ——《三国志·吴书·刘繇太史慈士燮传》

而打跑刘繇的孙坚、孙策是什么人？是意图分裂大汉，试图称帝的乱臣贼子袁术手下的“暴力集团”。他们不服就杀，到处破坏秩序，满足自己分裂的野心，江东群豪此时作为大汉的臣民，能正眼瞧孙家就怪了。

术图为僭逆，攻没诸郡县。

——《三国志·吴书·刘繇太史慈士燮传》

【伊尹霍光】

其实，江东压根没有什么投降派，江东只有两种人，一种是大汉士人，一种是野心家。

对于大汉士人来说，大家都是饱读经书、朝里有人，都身在手眼通天的大家族。谁不知道大汉自灵帝以来，董卓也好，黄巾也罢，各地割据、祸乱不断，江山已经隐隐有破碎的风险？

是时四海既困中平之政，兼恶卓之凶逆，家家思乱，人人自危。

——《典论·自叙》

谁不知道，要捍卫大汉的团结统一，再现大汉往日的荣光，必须有勇士，以猛药，治沉疴？就像后世朱元璋所说，此情此景必须要“济之以猛”。

今元朝失之于宽，故朕济之以猛，宽猛相济，惟务适宜尔。

——《皇明宝训》

曹操就是那个猛士。

当年，汉武帝宾天之时，整个帝国早已呈现鼎沸之势，多年来的穷兵黩武和汉武帝晚年的政治动荡，让帝国出现了中央分裂、官吏败坏、基层流亡的危险信号。

> 武帝之末，海内虚耗，户口减半。
>
> ——《资治通鉴·汉纪十五》

是霍光，杀伐果断地出手，组织盐铁会议①、废除辅政大臣、废立皇帝，虽然心硬手狠，蛮横霸道，但也确实将四处冒烟的大汉暂时稳住了。

> 霍光知时务之要，轻徭薄赋，与民休息。
> 至是匈奴和亲，百姓充实，稍复文、景之业焉。
>
> ——《资治通鉴·汉纪十五》

东汉末年，国家都到这个份上了，就别说什么“宽严相济”了，就是让孔夫子来，也得直接说“纠之以猛”吧。

> 仲尼曰：“善哉！政宽则民慢，慢则纠之以猛。”
>
> ——《春秋左氏传·昭公二十年》

① 指围绕汉武帝时期推行的盐铁官营等经济政策展开的一次全面评价和辩论。

曹操，在天下士人眼里来看，就是当代霍光。

他是大汉的司空、丞相，是他名义上在保护着皇帝，是他打跑了意图分裂的袁绍，是他带着张辽，走过五百里无人区，长途奔袭白狼山，打死了试图入主中原的乌丸蹋顿单于，把五胡入华至少向后推迟了五十年。

> 八月，登白狼山，卒与虏遇，众甚盛……使张辽为先锋，虏众大崩，斩蹋顿及名王已下，胡、汉降者二十余万口。
>
> ——《三国志·魏书·武帝纪》

他四处征伐、棒打天下，就是在给大汉下猛药治病。

现在，曹操终于有精力腾出手来，处理江东的事宜，为了维护大汉的团结，江东士人也应该主动向曹操靠拢。但出乎当时所有人意料的是，他在赤壁之战中失败了。这一年，曹操已经五十四岁了。

从后人的视角来看，我们知道“曹老板”远没到退休的时候。在随后的十二年生命中，他又开始了风尘仆仆的旅程：渭南会战、横扫羌氐、虎步关右、平定凉州、亲征张鲁、跟刘备反复拉锯的汉中之战、到洛阳指挥襄樊会战……总之一刻也没闲着。

但是，建安十三年赤壁之战失败后，曹操已经深刻地意识到了一件残酷的事实：统一天下，没希望了。

赤壁之败，盖有运数。

天实为之，岂人事哉？

——《三国志·魏书·荀彧荀攸贾诩传》

【操莽之志】

正是基于这样的判断，那个曾经试图像伊尹、霍光一样，把四处冒火的国家继续维持统一稳定的曹操，消失不见了；重新出现的，是意图颠覆大汉、篡夺政权的魏王曹操。

或许是自知时日无多，或许是觉得自己难以弥合天下，赤壁大败后的曹操，全部的行为都只为了一件事：称公建国。

这也是为什么建安十二年，荀彧还在辛辛苦苦地辅佐曹操，到了建安十三前直接消失在史书中，一直到建安十七年才出现。

这一年，曹操加九锡，解锁“赞拜不名，入朝不趋，剑履上殿”的篡权套餐；这一年，身为汉臣的荀彧，对曹操的僭越野心忍不了了，气不过，忧愤去世。当然，还有一种说法：荀彧是被曹操逼迫自杀的。

天子命公赞拜不名，入朝不趋，剑履上殿，如萧何故事。

——《三国志·魏书·武帝纪》

次年，曹操进封魏公，正式开始“称公建国”，摘掉了虚伪面纱。在此之前，连天怒人怨的董卓都没敢称王，最多当个太师。虎踞北方的袁绍也没敢称王。当然了，也有比曹操更进一步的，比如袁术就一步到位称帝了。

卓至西京，为太师，号曰“尚父”。

——《三国志·魏书·董二袁刘传》

也正因为如此，当曹操不臣之心已经昭然若揭后，整个江东群豪一片哗然，原本叫嚣着要归顺曹操的人，如今都头也不回地去辅佐孙权了。

在江东，这些吃了几百年大汉皇粮的人，你让他们归顺大汉，他们可能还会妥协，但你让他们归顺曹魏，请问这个“魏”跟大汉是什么关系？

于是，张昭、顾雍、步骘、诸葛瑾这些汉臣，成了吴臣，坚决要捍卫江东的独立自主，并坚决与曹魏抗争到底。

昔隽不疑汉之名臣，于安平之世而刀剑不离于身，盖君子之于武备，不可以已。

——《三国志·吴书·吴主传》

其实，大汉真正的灭亡，就在建安十三年。

赤壁之战的失败，让试图再造大汉的权臣曹操，彻底断了天下一统的念头，从而选择走另一条篡位自立的路径，并在多年之后与篡汉的王莽共同组成一个词——操莽之志。

即不爱皇，即不爱国，亦当爱身家，其忍听吕武操莽为我写卖奴契也？

——《复金山中华会馆书》

赤壁之战的胜利，让一直雄心勃勃、“器量广大”的周瑜等人，终于能重挫北方的中央政府，安然割据。教科书上所谓“此战形成天下三分的雏形，奠定三国鼎立的基础”，其实是在对大汉朝宣布死刑。

公瑾文武筹略，万人之英，顾其器量广大，恐不久为人臣耳。

——《江表传》

最后，这篇没有阴暗小故事，只有一个智慧小故事。

站在建安十三年的历史关口往前看，历史上位极人臣的，只有两种人：一个是有手段、狠辣，但也算是一心为国的霍光。虽然他又是立皇帝，又是废皇帝，但是终其一生也没登上过“皇位”，最高官至大司马大将军。

帝年八岁，政事一决于光。

——《汉书·霍光金日磾传》

还有一个，那就是王莽，王莽从安汉公到宰衡，再到假皇帝，最后当上了真皇帝，一共用了八年，这个速度不知道比曹操快到哪里去了。

永始元年，封莽为新都侯。

……

太后圣德昭然，深见天意，诏令安汉公居摄。

……

郊祀天地，宗祀明堂，共祀宗庙，享祭群神，赞曰“假皇帝”。

……

民臣谓之“摄皇帝”，自称曰“予”。

……

平决朝事，常以皇帝之诏称“制”。

……

伊尹为阿衡，周公为大宰，采伊尹周公称号，加公为宰衡，位上公。

——《汉书·王莽传》

开了篡夺先例的王莽，解锁比“王”还高的“宰衡”爵位时，只有四十九岁，而曹老板解锁王爵时，都已经六十一岁了，他是怎么忍住不篡位的呢？

因为大聪明曹操先生开创了一种“一人两制”的办法：对外宣称自己是大汉的丞相，一心为国，是当代霍光；对内加紧走加九锡、进魏王的篡位流程，打通称帝所需的所有环节。

一人两面，搁置争议，团结两派，死后让儿子顺利登基，简直是为后世开创了“篡逆事业”的新局面，这等智慧，令人叹服。

司马昭篡夺大魏的时候，是怎么办的呢？

司马昭也是“一人两制”，对外宣称自己是魏国的大将军，是忠心曹魏的大将军；对内则是抓紧走流程，死前一路解锁了新城乡侯、晋公的称号，死后儿子帮他解锁晋王称号。

> 魏景初二年，封新城乡侯。
>
> ……
>
> 地方七百里，封帝为晋公，加九锡，进位相国，晋国置官司焉。
>
> ……
>
> 三月己卯，进帝爵为王，增封并前二十郡。
>
> ——《晋书·帝纪第二》

最后，司马昭的儿子，跟曹操的儿子一样，篡权登基称帝。

第四章

十万大军：被集体嘲讽的『孙十万』，是怎么一回事？

如果真的存在一场专门用来表彰抗击“孙十万”先生的大会，那么至少有满宠、张辽、蒋济等人能够接受表彰。因为以上这些人，都各自以意想不到的方式击退过孙权先生的十万大军。

【一封书信退十万】

“天下英雄谁敌手，生子当如孙仲谋。”孙权先生年轻时也曾围城破李术、逆势斩黄祖，生猛异常，怎么后来就变成了大家喜闻乐见的孙十万先生呢？

首先上场的是大魏的肱股之臣，官至太尉的蒋济。

建安十三年，公元 208 年，孙刘联盟在赤壁大败曹操，孙权决定乘胜追击，率领十万大军进攻合肥——这就是孙权先生“四过合肥而不入”的开端。

> 权率十万众围合肥……十余日，城不可拔，乃引退。
>
> ——《三国志·魏书·张乐于张徐传》

孙权的战略意图是，趁着曹操赤壁惨败、兵员大减、实力虚弱的时候，抓住曹氏集团无法全面顾及长江沿线防务的时机，重点进攻合肥，同时开启对其他几个曹魏据点的攻占或骚扰，比如当涂等地。

> 权自率众围合肥，使张昭攻九江之当涂。
>
> ——《三国志·吴书·吴主传》

战略意图是好的，时机把握得也很准确，孙权先生迅速包围了合肥，开始进攻。

孙权这边进攻得很着急，但是曹操更着急，刚刚死里逃生的他马上派遣将军张喜[1]，率领千余骑兵前去解围。千余骑兵是绝对不可能抵挡住孙权十万大军的，张喜的兵力实在不够，而且军中流行瘟疫，为了确保有效支援，张喜不得已必须先去汝南，只有领了汝南的兵力才能解围。

> 时大军征荆州，遇疾疫，唯遣将军张喜单将千骑，过领汝南兵以解围，颇复疾疫。
>
> ——《三国志·魏书·程郭董刘蒋刘传》

但因为张喜迟迟不能来救援，合肥已经被孙权围攻了几个月，岌岌可危，马上就有溃败城破的可能。对于孙权先生来说，形势一片大好，合肥唾手可得；不过，就在这千钧一发之际，

① 有说法认为张喜就是张辽。

曹魏集团的高手们动起来了。

扬州刺史的副手，时任扬州别驾的蒋济开始出招。他秘密伪造了三份文件，内容大概是：我已经获得了张喜从前线发来情报，张将军目前正率领四万步骑兵前往扬州及合肥地区，只要我们继续支撑几天，大军合围孙权，他就死定了。

> 扬州别驾楚国蒋济密白刺史，伪得喜书，云步骑四万已到雩娄，遣主簿迎喜。三部使赍书语城中守将，一部得入城，二部为权兵所得。
>
> ——《资治通鉴·汉纪五十八》

蒋济一方面把这份文件给自己的领导扬州刺史看，另一方面把剩下的文件想方设法地“送”到孙权先生手里。扬州刺史对蒋济这忽悠人的把戏，或许将信将疑，孙权却坚定地选择了相信。

他震惊地表示：曹公实在太强大了！赤壁大败后，竟然还能轻轻松松派出来四万兵马！幸亏啊，我搞到了他们的内部情报，不然四万大军过来，我可顶不住。

于是孙权先生决定立刻撤军回家。史官很幽默，用了一个“遽”字，是仓促、突然、畏惧的意思。简言之，孙权先生收到信之后十分惊恐，在合肥外城胡乱烧了一通，连夜撤军了。

> 权信之，遽烧围走。
>
> ——《三国志·魏书·程郭董刘蒋刘传》

自此，蒋济获得了第一个“十万奖励”，人送外号“蒋一封”，用以表彰他一封书信、退兵十万的英勇战绩。

【八百破十万】

蒋济作为管理型干部，玩的就是谋划和判断。接下来出场的这位张辽，就是另一种风格了。

张辽以八百兵力破十万敌军，是“孙十万”先生的诸多故事中，最让人津津乐道的。简单来说，孙权先生对“守江必守淮”这件事很是重视，于是再次率领十万大军，再次围攻江淮地区的重镇：合肥。

> 俄而权率十万众围合肥。
>
> ——《三国志·魏书·张乐于张徐传》

此时，驻守合肥的是张辽、乐进、李典几位将军，驻守兵力满打满算也只有七千人。

眼前，曹操的大军正在跟正一道第三代天师张鲁的部队“打”得火热，由于远在关中，曹魏军队无力支援淮南战场。不过，曹操走之前给江淮地区的军队作了部署，指出：如果孙权率兵来犯，张辽、李典二位将军率军出击，乐进将军守城，护军将军薛悌做好监察与管理工作，稳定三军，一起坚守合肥，绝对不要交战，撑到孙权一方粮草耗尽、人困马乏，这场仗就算打赢了。

> 教曰："若孙权至者，张、李将军出战；乐将军守，护军勿得与战。"
>
> 诸将皆疑。
>
> ——《三国志·魏书·张乐于张徐传》

事实上，曹操的部署在战略上是没问题的，但现在孙权先生真的大军压境，情况就没那么乐观了。张辽首先表示了不一样的看法，他说：孙权十万大军，一旦彻底形成合围之势，我们就会丧失先手战机，等到曹公千里迢迢回到淮南救援，早就撑不住城破败亡了。因此我认为，应该趁合围还没完成，快速出兵，打击孙权的指挥中枢，这样或许还能引导战争走向。

> 辽曰："公远征在外，比救至，彼破我必矣。是以教指及其未合逆击之，折其盛势，以安众心，然后可守也。成败之机，在此一战，诸君何疑？"
>
> ——《三国志·魏书·张乐于张徐传》

在李典将军的支持下，张辽连夜在军中招募敢死队勇士，杀牛吃肉，好吃好喝好休息后，天一亮，八百虎贲径直扑向吴军指挥所。张辽身先士卒，披甲持戟，带头冲入敌阵，连续手刃数十位敌人，并且斩杀了敌军的两个高级指挥员，一边杀人一边模仿张飞，在阵中大喊自己的名字：我是雁门张文远，谁敢跟我决一死战！

于是辽夜募敢从之士，得八百人，椎牛飨将士，明日大战。

平旦，辽被甲持戟，先登陷陈，杀数十人，斩二将，大呼自名，冲垒入，至权麾下。

——《三国志·魏书·张乐于张徐传》

由于张辽突袭的场面太过于惊悚，孙权硬是被这股突击小队吓到躲到山顶上，让甲士层层叠叠把自己围住，才渐渐安定下来。张辽却越战越勇，横冲直撞，甚至冲到孙权军阵面前，邀请孙权先生下来单挑。

权大惊，众不知所为，走登高冢，以长戟自守。

辽叱权下战，权不敢动。

——《三国志·魏书·张乐于张徐传》

由于张辽人少，吴军反应过来后，尝试对张辽这支小队进行包围，而张辽不仅在大军包围之下撕开了口子成功突围，而且当听到其他没能突围成功的同袍求救声后，又选择把当天早上的工作再做一遍：再次杀入孙权大军之中，救出被围困的战友，再次组织战士们冲锋，并且成功突围！

辽左右麾围，直前急击，围开，辽将麾下数十人得出，余众号呼曰："将军弃我乎！"

辽复还突围，拔出余众。权人马皆披靡，无敢当者。

——《三国志·魏书·张乐于张徐传》

张辽留下了一个潇洒的背影，风风火火地来了，心满意足地走了，吴军却已经望风披靡，三军夺气，很难再与之一战。

> 自旦战至日中，吴人夺气，还修守备，众心乃安，诸将咸服。
>
> ——《三国志·魏书·张乐于张徐传》

围困合肥没什么效果，十几天后，孙权先生下令全线班师回朝。平心而论，虽然这是一次无功而返的军事行为，但东吴方面也确实没什么太大的损失。不过，或许孙权先生是为了让张辽顺利升任征东将军，他又给自己增加了难度。

> 合肥未下，彻军还。
>
> ——《三国志·吴书·吴主传》

大军撤退时，孙权先让部队有序撤离，自己则率领亲兵断后，掩护大军撤退。当各兵团陆续撤离南肥河上的渡口逍遥津时，张辽又出现了。他登高瞭望吴军撤退的情况，发现东吴绝大部分部队已经远离了，只有孙权带领极少数（约一千人）部队还在逍遥津慢悠悠地回撤。

> 军旅皆已引出，唯车下虎士千余人，并吕蒙、蒋钦、凌统及宁，从权逍遥津北。张辽觇望知之，即将步骑奄至。
>
> ——《三国志·吴书·程黄韩蒋周陈董甘凌徐潘丁传》

敏锐的张辽果断抓住战机，迅速带领队伍出发，直扑孙权，同时派人把桥毁掉，阻断孙权逃离的退路。他的意图跟前几天一样，实施斩首行动，直接摧毁敌方指挥所。

张辽命令步兵、骑兵齐出，军队很快到达津北，再次生猛地向孙权冲杀过来，孙权再次感到惊恐万分，军中的鼓手甚至已经恐慌到忘记擂鼓。为了救孙权先生，孙权的部将拼上了老命，甘宁不要命似的拉弓射箭，吕蒙左右拼杀、奋力抵挡，右部督凌统率领亲卫族兵三百人，与张辽贴身肉搏，激烈血战，才将孙权救出。

> 魏将张辽奄至。鼓吹惊怖，不能复鸣。
>
> ——《江表传》

> 甘宁与吕蒙等力战扞敌，凌统率亲近扶权出围，复还与辽战，左右尽死，身亦被创，度权已免，乃还。
>
> ——《资治通鉴·汉纪五十九》

最后，当孙权逃离到逍遥津的桥边时，发现桥梁已经被张辽毁了，不得已只能模仿了一下刘备，“马作的卢飞快”，骑着马一跃三丈，飞过逍遥津，脱离了险境。而凌统等人就没那么好的待遇了，他们只能身穿重重的战甲，沉到河底，摸着石头，以潜泳的方式游到了对岸。

权乘骏马越津桥得去。

——《三国志·吴书·吴主传》

张辽没能成功实施斩首行动，活捉孙权，颇感遗憾。但是上级领导曹操听到了这次战役的汇报，大为赞叹，对张辽赞赏有加，因此张辽顺利升任征东将军。

太祖大壮辽，拜征东将军。

——《三国志·魏书·张乐于张徐传》

至此，张辽拿到了第二个十万奖励“张八百”，同时威震逍遥津的故事也给江东地区留下了一个恐怖的传说，据说有小朋友晚上哭闹不止，大人就会拿“张辽来了”吓唬他，小朋友立刻就不敢出声了。

江东小儿啼，恐之曰：“辽来，辽来！”无不止矣。

——《魏书》

张辽或许会不好意思地嘿嘿一笑，惭愧地表示：我没能复刻自己八年前奔袭二百里，像“临阵斩蹋顿”一样斩杀孙权的场景，也没能像十五年前，跟我一生中最好的朋友关羽先生解白马之围时，模仿他从万军之中斩首颜良，从容身退的样子，已经很惭愧啦。谢谢曹老板对我的信任和栽培，我一定为大魏事业奋斗终生！

曹公使张辽及羽为先锋击之。羽望见良麾盖，策马刺良于万众之中，斩其首还，绍诸将莫能当者，遂解白马围。

——《三国志·蜀书·关张马黄赵传》

【老当益壮满数十】

下一位出场的十万奖励获得者是满府君——满宠。

曹魏青龙二年，蜀汉建兴十二年，公元234年二月，诸葛丞相第五次北伐中原，同时遣使东吴，约定一起出兵，第五次合肥之战正式开打。

五月，东吴方面兵分三路开启“北伐”，经过这么多年的赞美，孙权先生此时已经接受了大家对他“孙十万”的爱称，因此率军出发时，孙权先生自号十万兵力，进驻巢湖口，亲自带兵攻向合肥新城。

明年，权自将号十万，至合肥新城。

——《三国志·魏书·满田牵郭传》

另一路派陆逊、诸葛瑾率万余人进驻江夏，攻向襄阳，第三路军是将军孙韶、张承率兵向广陵、淮阴逼近，形成三路兵马北伐之势。

诸葛丞相剑锋直指关中，孙权十万大军包围新城，曹魏朝廷说不恐慌是假的。驻守一线战场的是满宠，曹休去世后，满宠以前将军之职代理都督扬州诸军事。

是岁休薨，宠以前将军代都督扬州诸军事。

——《三国志·魏书·满田牵郭传》

面对孙权的进攻，满宠给朝廷的建议有两个，一进一退。

进攻的建议是由满宠率领军队前往新城，与孙权正面作战，为新城解围；撤退的建议是让新城的部队主动弃城，后撤到寿春，与大部队会合再说，同时由后撤拉扯出来的大纵深可以改变当前大军压境的劣势。

明帝曹叡对前线报上来的方案都不满意，认为新城的守军坚持一段时间没有问题，满宠如果率军后撤，可能会导致在撤退的途中陷入被动，被吴军袭击。

宠欲拔新城守，致贼寿春，帝不听。

——《三国志·魏书·明帝纪》

此外，散骑常侍刘劭给出的方案也是出击，但是为了缓解新城的压力，让中军先派步兵五千、精骑三千出发，将队伍排列疏散，多加旗、鼓，造成声势浩大的假象，敌军知道大军到来，必定自走，可以不战而破。

以为可先遣步兵五千，精骑三千，军前发，扬声进道，震曜形势。

——《三国志·魏书·王卫二刘傅传》

最后，明帝给本次作战方案拍了板，他语重心长地给满宠回复，传令他道："不要觉得新城兵少就该撤退，当年汉高祖、汉光武都遇到过这种情况，兵少就只能死扛，咱们今天也一样，你得坚守住；另外，地有所必争，合肥、襄阳、祁山就是必争之地，先帝为了打造这三个关隘耗费了心血，怎能轻易放弃呢？就算孙权来犯，他一时半会也攻不下新城，务必请前线将士坚守住，我现在就动员京畿的部队，过几天御驾亲征，亲率大军为将军和新城解围。我估计不用等我到两淮地区，恐怕孙权自己就会退军了。"

> 宠欲拔新城守，致贼寿春，帝不听，曰："昔汉光武遣兵县据略阳，终以破隗嚣，先帝东置合肥，南守襄阳，西固祁山，贼来辄破于三城之下者，地有所必争也。纵权攻新城，必不能拔。敕诸将坚守，吾将自往征之，比至，恐权走也。"
>
> ——《三国志·魏书三·明帝纪》

满宠一看，皇帝的语气有点重，撤退回寿春肯定是不行了，但直接迎击孙权也不行。那按照皇帝的思路，一方面大军不动，等待援军到来，另一方面按刘劭的方案，组织小股部队突击，总可以了吧。

虽然满宠已经七十六岁高龄了，但大魏军团人人"老骥伏枥，志在千里"，他学着当年张辽的策略，组织敢死队，募集壮士数十人，突击到吴军阵地中，折断松枝、灌上麻油、做成火把，在上风向的位置点火。火势在风力的作用下不断蔓延，烧毁了吴军的攻城器具。

> 宠驰往赴，募壮士数十人，折松为炬，灌以麻油，从上风放火，烧贼攻具，射杀权弟子孙泰。
>
> ——《三国志·魏书·满田牵郭传》

孙权的侄子孙泰前来救火，满宠军队又向吴军放箭，箭支顺风而行，射程和贯穿力得到增强，孙泰就这样被射杀在大火之中。

由于满宠的策略跟张辽的策略实在太相似了，加上明帝已经出发，孙权回忆上一次被魏军猛士包围的场景，仍然心有余悸，于是果然像明帝说的一样，还没等大军到达，就提前率领着他的十万大军撤退了。

满宠因此获得了第三个十万奖励——“满数十”。

【另辟蹊径】

以上是实打实击退孙权先生的十万获奖者，除此之外，还有些人间接获得了荣誉称号。

比如刘馥，人称“刘亡灵”。

故事发生在“蒋济一封信退敌十万”时期，孙权退军除了受蒋济的假情报影响，还跟刘馥有关。

刘馥早在建安十三年年中就因故去世了，孙权来袭是在其故去后。在孙权先生围攻期间，连天大雨浸泡着刘馥主持修建的合肥城，城墙却一直没有崩塌。百余日的进攻仍不能攻克这堵墙，最后不得已孙权先生率军退去。因为刘馥早就去世，所以相当于是一个死人击退了孙权，因此人们戏称“刘亡灵、退十万”。

建安十三年卒。孙权率十万众攻围合肥城百余日，时天连雨，城欲崩，余是以苫蓑覆之，夜然脂照城外，视贼所作而为备，贼以破走。

——《三国志·魏书·刘司马梁张温贾传》

再比如文聘，“文睡觉”。

文聘镇守城池，但大雨把城防的很多设备都毁坏了，还没来得及维修，孙权先生就率领数万人到达，即将攻城。

时大雨，城栅崩坏，人民散在田野，未及补治。

——《魏略》

文聘在无计可施的绝境下，决定玩一出空城计，他下令城中士兵和百姓都不得出门，营造出整个城中毫无戒备的假象，然后自己在中军大帐里呼呼睡大觉，表现出一副胸有成竹的样子。

乃敕城中人使不得见，又自卧舍中不起。

——《魏略》

孙权果然有很高的警惕性，他敏锐地察觉到文聘一方的不正常之处，做出了自己的判断，并对左右说道："文聘是曹氏集团的忠臣、重臣，是后将军，江夏是要地，他敢这样大喇喇地开着门，一定有埋伏，准备把我们包饺子吃掉，我们不要中了他的奸计！"

于是孙权先生率军退去，由此大家称呼文聘为："文睡觉，退十万。"

> 权果疑之，语其部党曰："北方以此人忠臣也，故委之以此郡，今我至而不动，此不有密图，必当有外救。"
>
> 遂不敢攻而去。
>
> ——《魏略》

此外还有臧霸"臧传说"，陈登"陈万计"等等，大家感兴趣可以去了解一下。

由于一次又一次地发兵十万，剑指淮南，又经常"大败""大破""不克""退走"，于是"孙十万"就变成了人们喜闻乐见的一个叫法，有了所谓"生子当如孙仲谋，合肥十万送人头"的调侃。

但其实吧，上述这些故事是有一点点猫腻的。

首先，孙权几次率领大军过合肥而不入，所带的兵力基本都不是十万。

凡是关于"十万"的描述，全来自魏国，"十万"的说法分别出自《三国志·魏书》的《蒋济传》《满宠传》《刘晔转》《臧霸传》《张辽传》《文聘传》和《魏略》等，全都是站在曹魏的立场进行描述，当然存在着虚报敌人数量用来凸显“我军以少敌多、军威浩大”的嫌疑。

其次，孙权“十万”这个兵力，在很多处都是经不起推敲的。比如蒋济一封书信退十万事件，在这件事发生之前，东吴刚刚经历了赤壁大战，赤壁之战中，大都督周瑜为确保战争顺利获胜，向孙权提出五万士兵的指标，而孙权在整个江东竭尽全力动员，也仅仅招募到了三四万人。

几个月前东吴兵力还只有三四万，基本不存在到年底就翻一番达到十万人的可能性。

> 五万兵难卒合，已选三万人。
>
> ——《江表传》

如果从这个前提出发，就能理解，为什么蒋济假称有四万人时，孙权会如此惊恐，因为孙权的兵力至多四五万人，而蒋济也有四万人，双方的人数差不多。兵法上说“十能围之”，如果兵力旗鼓相当，吴军完全没必要在此时冒险。

再次，有些战役说法不一，比如文聘玩“空城计”，睡觉退十万，这是《魏略》的说法，《魏略》的立场本来就有些偏向曹魏。而《三国志》对于这次战役的说法是：孙权以五万军攻打石阳，包围文聘，情况万分火急，但文聘坚守城中，艰难抵抗，孙权屡攻不下，围城了二十余日也没有成果，唯有撤去军马。

可见，此战的地点、人数、事件，两边都不能吻合。

其实这个时候我们就应该清楚了，晋奉魏朝为正统，晋的传播口径大致跟魏一致，也在一定程度上存在着“尊曹贬孙”的倾向，以至于严谨异常的陈寿，也在治史的过程中，多多少少受到了一些影响。

可见，在魏晋时期，就已经有人在主动塑造“孙十万”的形象了，让好几个武将仅用极少数人就能击退孙权，实际上是整个魏晋朝堂对孙权的丑化，和“造星运动”一样，是一种宣传手段。

最后，讲点搞笑的，孙权先生被别人“黑”了还真没什么办法，因为，谁让你东吴孙大帝也自称为十万呢？来一起看一下《三国志·蜀书·诸葛亮传》里面“孙十万”先生怎么说的。

权勃然曰：“吾不能举全吴之地，十万之众，受制于人……

第五章

甜蜜暴击：曹魏帝王早衰和曹丕死亡之谜

“骷髅王”、袁氏正统继承人、首先称帝者——袁术先生，在兵败之后，躺在竹席上，望着炎炎烈日，希望能再品尝一次人间美味：蜜水！

只不过没机会了，一声悲叹之后，他便吐血而亡。

> 时盛暑，欲得蜜浆，又无蜜。
>
> 因顿伏床下，呕血斗余而死。
>
> ——《三国志·吴书·董二袁刘传》

袁术“朕想喝蜜水”的临终遗言，曾经被众人反复嘲笑。但其实，真正最爱吃甜的，是大魏的文皇帝曹丕。而且，他壮年猝死以及随之而来的曹氏帝王的早衰，很有可能源自严重的糖尿病。

【品糖大师】

曹丕是个多面手，除了作为帝王有点小气，其他方面都很出彩：

他文采飞扬，七言诗、汉大赋的水平很高；他的文学理论自成一派，开了中国文学批评的先河。

魏文之才，洋洋清绮。

——《文学雕龙·才略》

同时，他对“吃甜”这件事，有着高超的品鉴能力。

对曹丕来说，品尝甜食，大魏朝野的诸位都不如他。

比如，“消暑大师”曹丕。

早在年轻的时候，还是文艺青年的曹丕，与吴质等好朋友们聚在一起举办宴会，有一个重要的环节就是品尝各类甜味的水果。

在农历五月的大热天，把“甜味的瓜”放在泉水里泡着，把“红色的李子”放在凉水中冰镇，等到吃饱喝足了再吃瓜果消暑，贵胄子弟的夏天，确实惬意。

浮甘瓜于清泉，沉朱李于寒冰。

——《与朝歌令吴质书》

再比如，“甘蔗剑圣”曹丕。

年轻的时候，曹丕很喜欢剑术，而且自认为水平不低。

不过有一次，当各方的人聚在一起喝酒的时候，大家都吹捧奋威将军邓展武艺高强，善用各种兵器，还能空手夺白刃！

宿闻展善有手臂，晓五兵，又称其能空手入白刃。

——《三国志·魏书·文帝纪》

曹丕当场表示不服气，恰好此时大家正在啃甘蔗，于是趁着酒酣耳热之际，曹丕提议，在庭下以甘蔗为剑，较量一番。邓展武艺高强，但“甘蔗剑圣”曹丕的剑技更是神乎其神，接连三次都准确地击中邓展的手臂，左右皆大笑起来。

> 时酒酣耳热，方食芊蔗，便以为杖，下殿数交，三中其臂，左右大笑。
>
> ——《典论·自叙》

甘蔗是一种糖分和甜度都非常高的水果。

最后，还有“三农专家”曹丕。

无论在登基前还是称帝后，曹丕都对甜的水果表现出异常的喜爱，但要说哪种水果最让曹丕满意，那就是葡萄。

为了证明葡萄是最甜、最好吃的水果，曹丕还发扬学术精神，特地下了一道诏书，向广大国民推介葡萄，他说：

“醉酒乃至宿醉的时候，吃沾有露水的葡萄。甘甜适中，微酸但不倒牙，有点冰但不寒冽，味道悠长，汁水很多，可排忧解渴。

> 中国珍果甚多，且复为说。葡萄奇味，自夏涉秋，尚有余暑，醉酒宿酲，掩露而食，甘而不饴，酸而不脆，冷而不寒，味长汁多，除烦解渴。
>
> ——《诏群臣》

“要是把葡萄酿造成酒，比常见的米酒更甘甜，容易喝醉，但也容易酒醒。

又酿以为酒，甘于麴糵，善醉而易醒。

——《诏群臣》

“我光说说就已经要流下口水了，何况亲口吃呢！

“所以综上所述，葡萄比起其他的水果，不知道高到哪里去了！”

道之固以流涎咽唾，况亲食之耶。

他方之果，宁有匹之者。

——《诏群臣》

除了葡萄，曹丕还对其他水果进行了点评，比如河北正定县的梨子，他也很喜欢，下了一道诏书说“真定（今河北正定）御梨大如拳，甘如蜜，脆如菱”，亲自为河北农业发展代言。

真定御梨大如拳，甘如蜜，脆如菱，可以解烦释渴。

——《诏群臣》

与对葡萄和梨子的态度形成鲜明对比的，是曹丕对橘子的不满，他说：“孙权给我进贡了一种南方的水果，叫橘子，那真是把人酸得龇牙咧嘴，足以把牙齿酸‘裂开’；不过偶尔也能碰上甜的。”

吴王馈魏文帝大橘，魏文帝诏群臣曰：南方有橘，酢正裂人牙，时有甜耳。

——《太平御览·果部·卷三》

除了对孙权进贡的橘子不爽，他对南方的龙眼、荔枝也很不感冒，并且曹丕在抨击南方水果的同时，仍然孜孜不倦地继续给自己家乡的水果做推广，他说："南方有水果龙眼、荔枝，不好吃，比不上西域的葡萄和石蜜，现在我把荔枝赐予朝臣们品尝体验，你们一尝就知道了。另外，'安邑御枣'才是最好吃的，建议大家都尝尝看！"

南方有龙眼荔枝，宁比西国蒲萄石蜜乎？
酢且不如中国，今以荔枝赐将士，啖之则知其味薄矣。
凡枣味莫若安邑御枣也。

——《诏群臣》

考虑到龙眼、荔枝这类水果保质期短，外加受到交通、储存等条件所限制，等这两种水果从江南运到洛阳，再到曹丕手里，早就不新鲜了，甚至已经腐败变质了，吃起来口感当然不好了。

吴大帝千里送烂荔枝，是不是有什么不可告人的阴谋？想利用烂水果投毒，消灭帝国首领，一统天下？

曹丕作为帝王，对水果和甜食的研究让人感到很好笑，如果说上述对甜食的喜爱，只是在“偏爱”的程度，那么接下来曹丕的表现，就已经到了“病态”的地步。

【病态饮食】

曹丕说荔枝、龙眼不好吃的时候，拿石蜜举例，说荔枝比不上石蜜。但实际上，任何水果的甜度都不可能比得上石蜜，因为石蜜就是人们常说的冰糖。

> 石蜜，非石类，假石之名也。
>
> 实乃甘蔗汁煎而暴之，凝如石而体甚轻，故谓之石蜜。
>
> ——《凉州异物志》

曹丕不仅把甜味瓜果作为心头好，更是直接把冰糖当甜点吃。

作为大文学家的曹丕，知道闽王曾经向汉高祖进贡石蜜，于是有样学样，要求已经称臣的孙权给自己送石蜜来，并且一上来就是五斛，也就是三百斤（另有一说六百斤）。

> 今因赵咨致文马一匹，白鼲子裘一领，石蜜五斛，鳆鱼千枚。
>
> ——《与孙权书》

几百斤的冰糖，无论怎么吃，对身体都是一种巨大的负担。如果说，索要几百斤冰糖只是外交手段，或许不能证明什么，那么吃饭的时候拌蜂蜜，就足以说明问题了。

曹丕有一道诏书，在谈及蜀地人民做的鸡鸭鱼肉味道寡淡时，脱口而出鸡鸭鱼肉需要蘸着饴蜜吃。饴蜜，就是蜂蜜。

> 蜀猪肫鸡鹜，味皆淡，故蜀人作食喜着饴蜜。
>
> ——《太平御览·饮食部·卷十五》

葡萄、甘蔗、冰糖、蜜糖，频繁食用这些超高热量和高血糖生成指数的食物，本身就是非常不健康的饮食方式，加上曹丕“饮醇酒，炙肥牛”的饮食偏好，这就有可能导致他患上重病。

> 但当饮醇酒，炙肥牛。
>
> ——《艳歌何尝行》

作为世子和帝王，缺乏运动的环境，容易引发“三高”的饮食方式，以及对精力消耗异常严重的日常工作，都有可能导致曹丕出现所谓的“富贵病”，进而影响正常健康，甚至生命安全。

因此，在热量和糖分都过度摄入的情况下，曹丕表现出了典型的糖尿病特征：口渴多饮。

【消渴症】

消渴，是古典医学对包括糖尿病在内的一类疾病的统称。

临床主要表现是“多食、易饥，形体消瘦”，跟现代医学所说的糖尿病临床表现“多饮、多尿、多食”如出一辙。

古典医籍如《黄帝内经》中就记载了此病，而且在《素问·奇病论》篇还有专门论述，提到有消渴症的人“一定爱吃甜的和肥腻的东西”，并且会不停地吃，一直吃到“消渴”为止。

> 此人必数食甘美而多肥也。肥者令人热，甘者令人中满，故其气上溢，转为消渴。
>
> ——《黄帝内经》

看看曹丕的情况：

曹丕说葡萄好吃，除了滋味很美，而且还能“除烦解渴”。巧了，不仅“渴”是糖尿病的典型表现，烦躁也是很多“消渴症”肝肾阴虚的典型特征。

> 甘而不饴，酸而不脆，冷而不寒，味长汁多，除烦解渴。
>
> ——《诏群臣》

曹丕又说真定御梨好吃，重点表扬的，也是这种梨子能够“解烦释渴”，关键词“渴”再一次出现。

> 可以解烦释渴。
>
> ——《诏群臣》

更夸张的是，曹丕曾经服用过一枚从天而降的李子，吃完之后，当场升仙，以至于数日之内都不用进食。

这表面上好像在说，魏文皇帝吃了祥瑞之物，获得了半仙体质；但实际上，很有可能是曹丕已经进入糖尿病重症阶段，身体在突然性摄入大量糖分之后，直接进入休克状态，以至于好几天不能清醒。

> 魏文帝安阳殿前，天降朱李八枚。啖一枚，数日不食。
>
> ——《太平广记·卷四百一十·草木五》

曹丕的儿子曹叡也有一些类似症状的记载，虽然明帝的日常饮食记录不多，但也有让人警觉的地方，首先要注意的就是曹叡壮年而死，以及他几乎没有子嗣。

曹丕去世时只有四十岁，远不到曹操的六十六岁；曹叡就更夸张了，连他爹的四十岁都过不去，三十六岁本命年，就“龙驭上宾”了。

> 庚子，王崩于洛阳，年六十六。
>
> ——《三国志·魏书·武帝纪》

> 即日，帝崩于嘉福殿，时年三十六。
>
> ——《三国志·魏书·明帝纪》

同时，曹叡几乎没有活到成年的孩子，男孩更是全部早衰死绝。

严重的消渴症会使人长期饮食较少，造成营养不良，进而影响免疫功能，抵抗力大幅度下降，并且容易出现皮肤疥肿，呼吸、泌尿系统的各种炎症，且治疗困难。或许，这种虚弱和易感染的体质，就是曹叡早衰以及子嗣夭折的原因吧。

另外一个更为直接的案例是卞兰。

卞兰是卞太后的侄子，卞太后是曹丕的母亲，也就是说，卞兰是曹丕本家的表兄弟，是曹叡的叔叔辈，几个人在血缘关系上极其亲近。

卞兰的死就是非常典型的糖尿病并发症。卞兰作为散骑常侍，服侍、辅佐侄子曹叡，两人有时候因意见不一致而吵架。

> 秉薨，子兰嗣。少有才学，为奉车都尉、游击将军，加散骑常侍。
>
> ——《三国志·魏书·后妃传》

> 明帝时，兰见外有二难，而帝留意于宫室，常因侍从，数切谏。
>
> ——《魏略》

后来卞兰得了一种病，临床表现是“苦酒消渴”，即经常口干如裂，异常想喝酒；明帝派人给他送去自己豢养的女巫的“神水”，以求救他的命。

> 后兰苦酒消渴，时帝信巫女用水方，使人持水赐兰，兰不肯饮。
>
> ——《魏略》

但是卞兰坚持不肯喝，还继续劝谏明帝：“皇帝有病治病，别信这些神棍女巫”。最终，坚持不饮“神水”的卞兰，因为“渴甚”，病重而亡。

诏问其意。

兰言治病自当以方药，何信于此？

帝为变色，而兰终不服。

后渴稍甚，以至于亡。

——《魏略》

卞兰的情况印证了现代医学关于糖尿病的研究。

严重糖尿病可以导致患者死亡，因为糖尿病不干涉治疗，有可能导致严重的感染，包括败血症或者脓毒血症。在汉魏时代，患者一旦进入感染、休克状态，其实很难进行有效医治，死亡就成了不可避免的结局。

【曹丕之死】

与儿子曹叡生命后期三天两头的休克不同，曹丕在病逝之前没有什么大的、频发性的临床表现，他没有想过自己会暴毙而亡。

突出表现就是长时间不考虑“立储”事宜，而且满朝文武也未曾把“确立接班人”提上议事日程。原因就在于，曹丕本人和朝廷大臣，都认为当前不满四十岁的曹丕春秋鼎盛，身体健康，根本不需要这么早立储。

如果曹丕常年表现出体弱多病的状态，就算他本人不愿立储，文武大臣和诸多皇子，也会通过不断的党争，来逼着他早做决断，以防他暴毙。

没有人认为曹丕会暴毙，也没有为此提前做准备，但曹丕真的“走得很急”。

黄初七年，五月十六日，曹丕病重，急令镇军大将军陈群、中军大将军曹真、征东大将军曹休、抚军大将军司马懿受领遗诏，共同辅佐曹叡，同日把后宫淑媛、昭仪以下的女眷遣散，各归其家。

> 夏五月丙辰，帝疾笃，召中军大将军曹真、镇军大将军陈群、征东大将军曹休、抚军大将军司马宣王，并受遗诏辅嗣主。
>
> 遣后宫淑媛、昭仪已下归其家。
>
> ——《三国志·魏书·文帝纪》

事实上，曹丕在这天，已经预感到自己将死，着急安排后事。病情来得如此之快，以至于这一天又是立储、又是确认顾命大臣、又是遣散后宫嫔妃、又是交代埋葬事宜，就算如此仓皇和急迫地安排后事，也有点来不及，仅仅一天后，五月十七日，曹丕就“崩于嘉福殿”，溘然长逝。

> 丁巳，帝崩于嘉福殿，时年四十。
>
> ——《三国志·魏书·文帝纪》

曹丕的病逝如此急速，显然不太符合糖尿病这种全身系统性、长期、慢性疾病的发病特征，那么曹丕的病症是什么呢?

他有较大可能，死于急性胰腺炎。

急性胰腺炎病发时，会使患者异常痛苦：面色苍白、冷汗直流、血压下降；同时由于胰液外溢、刺激腹膜，会引起剧烈疼痛；加上腹腔内出血、组织坏死，蛋白质分解引起的机体中毒，抢救不及时的话，必死无疑，即便是当代，急性胰腺炎依然是常令患者走“鬼门关”的大病。

曹丕也许是在胰腺炎病发后，身体承受了巨大的痛苦，才意识到，这次生病可能真的会导致自己“暴毙”，所以才着急忙慌地在十六日这一天，连续下达多道诏命，安排后事。

急性胰腺炎跟曹丕常年的饮食习惯一一对应：发病前曾经大量饮酒或饱餐；长期大量用糖且身体处于“三高”状态；常年酗酒；各种原因导致的腹腔感染。

总之，曹丕可能是死于长期糖尿病导致的免疫抵抗低下，同时急性胰腺炎病发，内脏器官休克、脓肿，继而引发腹腔、呼吸道、泌尿道等多处感染，最终引起败血症和多器官功能衰竭而重症不治。

当然，对于曹氏早衰这一现象，我们只能基于史料做推测。

最后，再来一个阴暗小故事之“唯物主义者曹叡”。

《三国志》中记载，曹丕年轻时，有一次举办宴会，当世有名的神算子朱建平也在宾客当中，在大家觥筹交错期间，曹丕请朱建平给自己相面，并问寿命。

朱建平仔细打量了曹丕，说道：将军您寿命八十岁，不过在四十岁的时候会遇到个小坎儿，希望您到时候注意呵护自己。

文帝为五官将，坐上会客三十余人，文帝问己年寿，又令遍相众宾。

建平曰：将军当寿八十，至四十时当有小厄，愿谨护之。

——《三国志·魏书·方技传》

八十岁在当时的社会条件下是很难达到的，身为储位有力竞争者的曹丕也不会允许他人散播自己短命的言论，却意外地应验了朱建平的话，四十岁便壮年早逝了。

文帝黄初七年，年四十，病困，谓左右曰：

“建平所言八十，谓昼夜也，吾其决矣。”

顷之，果崩。

——《三国志·魏书·方技传》

但明皇帝曹叡就不一样了，他拥有智慧的头脑，相信“唯物主义理论”。

当他发现自己豢养的女巫，以及女巫所贡奉的神水，一点作用也没有，既不能消渴，也不能救活卞兰时，本着对事实负责的态度，曹叡毫不犹豫把女巫就地斩杀，给地下的卞兰一个交代。

及帝疾，饮水无验，于是杀焉。

——《三国志·魏书·明帝纪》

第六章

神经皇帝：曹丕是如何一步一步走向暗黑的？

公元220年，建安二十五年，春正月，曹操还军洛阳，不久后病逝，终年六十六岁，谥号为“武王”。

然而，令人想不到的是，曹操死，天下动。留给刚刚顺位袭封汉丞相的魏王曹丕的是一个异常棘手的局面。

【艺多压身】

曹丕是一个非常“有梗”的皇帝。

他有很多奇奇怪怪的爱好，比如特别爱吃甜食，亲自下诏向大魏臣民宣传推介葡萄，且高举“地方保护主义”大旗，天天抨击孙权送给他的橘子不好吃，河北正定梨才好吃。

又比如“弹棋大师”曹丕。

弹棋是当时流行的一种娱乐方式，具体来说就是对弈双方各有十二个棋子，中间也有一个棋子，双方可以用手打，也可以用手巾、头巾去击打。魏文帝玩弹棋玩得特别精妙，用毛巾的一角轻轻弹击棋子，就能达到百发百中的效果。

> 文帝于此戏特妙，用手巾角拂之，无不中。
>
> ——《世说新语·巧艺》

甚至曹丕自己也毫不掩饰地宣称：各种游戏我都比较喜欢，但是弹棋是我玩得最好的！

> 戏弄之事，少所喜，唯弹棋略尽其妙。
>
> ——《典论·自叙》

此外，还有文学上的“怨妇曹丕”。

虽然大多数人以为曹丕的文学素养远不如其弟曹植，但是王夫之先生说：曹丕的才情，并不在曹植之下。

更有意思的是，老爹曹操的诗，雄浑厚重，讲的是“老骥伏枥，志在千里”；弟弟曹植的诗，昂扬激情，写的是“捐躯赴国难，视死忽如归”；曹丕的诗，偏偏缠绵悱恻、委婉细致，尤其在描写爱情和刻画怨妇上堪称一绝，比如非常经典的：“贱妾茕茕守空房，忧来思君不敢忘。”

> 贱妾茕茕守空房，忧来思君不敢忘。
>
> ——《燕歌行二首·其一》

曹丕仿佛是饱受相思之苦的女孩，在凄冷的闺房里碎碎念：我好想你呀，你怎么还不回来……

除了有奇奇怪怪、“可可爱爱”的爱好，作为文学大家，曹丕竟会经常引喻失义，说错话。

【引喻失义】

比如，曹丕刚刚登基时，按惯例朝廷要给曹丕修陵墓。

两汉独尊儒术以来，按照儒家经典，出于对“孝”的尊崇，以及“事死如事生”的观念，帝王陵墓都有一整套的规制和礼仪。然而，曹丕专门下达指示，让有关部门不要给自己修陵墓。

身为大魏始受命皇帝的他，非但没有“尊贵厚重”，反而大大咧咧地说：“从古至今，没有不灭的国，也没有不被掘的坟。”

> 自古及今，未有不亡之国，亦无不掘之墓也。
>
> ——《营寿陵诏（终制）》

此话一出，满座哗然，大家都不能理解，怎么皇帝还诅咒起自己的国家来了呢？

不仅如此，为了防止下面人阳奉阴违，瞒着他悄悄修建大陵墓，曹丕还吓唬手下人说：“必须按照我的意思去做，绝对不能修陵寝，你们要是背着我偷偷给我修了豪华陵墓，那我在地下会被第二次搞死，‘死了再死’的那种！那你们可就真的成了不忠不孝的乱臣贼子了！”

> 若违今诏，妄有所变改造施，吾为戮尸地下，戮而重戮，死而重死。臣子为蔑死君父，不忠不孝。
>
> ——《营寿陵诏（终制）》

天天把“死了再死”挂在嘴边的曹丕，有时候也会不小心突破与臣下相处的界限。比如，当旷日持久的立储之争落下帷幕，曹丕最终击败弟弟曹植，被设立为魏王世子时，他异常激动，在兴奋和狂喜之余，竟然搂着大臣辛毗的脖子大喊大叫：“辛先生，你知不知道我有多开心。”

> 既而文帝得立，抱毗颈而喜曰：辛君知我喜不？
>
> ——《三国志·魏书·辛毗杨阜高堂隆传》

这个场景被才女辛宪英知道后，不无讥讽地感慨：“堂堂魏国世子，怎么能这样得意忘形呢？”

曹丕不仅在夺嫡成功之后口无遮拦，汉魏禅代后，还坚持“胡说八道”的作风。

上古时期，尧、舜、禹等先贤们的禅让，大多因历史久远而记载得神秘莫测。二百年前，篡夺西汉的王莽要求汉帝禅让，并在那时制定了一大堆奇奇怪怪的规制。

到了曹丕这时，禅让就得走规范流程了，比如“三辞三让”。在任皇帝需要一次次地下诏书，表示要把江山禅让给曹丕，而曹丕也需要一次次地拒绝，这就叫做“三辞三让”

汉献帝反反复复地说“汉室不德、天命在魏”，曹丕呢，也一次比一次“惶恐”地拒绝，他在收到皇帝诏书后，表示自己“五内惊震，不知所处”，意思是被皇帝的话吓到魂飞魄散了。

紧接着又说“功劳都是先王的，我能当个魏王就很开心了，从来没想过要当皇帝”，到了最后，曹丕甚至给朝臣们表态：“你们不要再逼我登基称帝，再逼我，我就要跳东海自尽了！”

> 义有蹈东海而逝，不奉汉朝之诏也。
>
> ——《三国志·魏书·文帝纪》

在反复推辞之下，直到第四次下诏禅让，曹丕才“勉为其难”地接受了。

等好不容易做了全套戏、顺利禅让之后，曹丕却在禅让台上，当着文武百官的面，洋洋得意地说：“舜、禹的事，我现在总算明白了。”

> 帝升坛礼毕，顾谓群臣曰：舜、禹之事，吾知之矣。
>
> ——《魏氏春秋》

【黑色幽默】

总是说不符合身份的话的曹丕，在此之外，还具有一种常人不可理解的幽默，很多还是黑色幽默。

比如说，王忠投降曹魏。

王忠早年间担任亭长，天下大乱时率兵起事，后来因饥饿，曾吃过人肉。后来兜兜转转，他率领几千人归附了曹操。

许多年后，曹丕有一次跟王忠一起去打仗。曹丕听说王忠吃过人，就故意把死人骨头挂在王忠的马鞍上，用来取笑王忠。

五官将知忠尝啖人，因从驾出行，令俳取冢间髑髅系着忠马鞍，以为欢笑。

——《三国志·魏书·武帝纪》

再比如孟达，此人原是蜀汉的地方大员，因为在关羽被害之时没能及时救援，害怕被刘备追责，于是决定归顺曹魏集团。

蜀将孟达率众降。

——《 三国志·魏书·文帝纪》

曹丕其实对孟达还是很看重的，后来授予他散骑常侍和新城太守的官职，还把上庸三郡都交给孟达管理。

但是，当曹丕第一次见到孟达时，就开起了不合时宜的玩笑，他抓着孟达的手，轻轻拍打孟达的背，说："你不会是刘备派过来的刺客吧？"

又王近出，乘小辇，执达手，抚其背戏之曰：卿得无为刘备刺客邪？

——《魏略》

当然最经典的还是"学驴叫"事件。

建安二十二年，曹丕的好朋友、建安七子之首的王粲因瘟疫去世了，大家都很伤心，在出席王粲葬礼时，众人啼哭不止。

这时已被册封为魏世子的曹丕突然站了出来，对前来送葬的人说："王仲宣生前最喜欢听驴叫，今天我们就用驴叫，送他最后一程吧！"。

> 文帝临其丧，顾语同游曰：王好驴鸣，可各作一声以送之。
>
> ——《世说新语·伤逝》

曹丕说完，就带头学起了驴叫，一时间，整个灵堂上驴叫声不绝于耳，悲痛与驴叫和谐共鸣。

> 赴客皆一作驴鸣。
>
> ——《世说新语·伤逝》

曹丕的幽默背后，其实是汉末以来，社会秩序大解体后，清醒者对混乱世道的微弱抗争和讥讽。

【建安二十二年】

建安二十二年，疠气[1]流行。

曹丕、曹植两兄弟都喜爱文学，他们共同的好朋友建安七

---

① 疠气，又称疫毒、戾气等，一种具有强烈致病性和易传染的外感病。

子，在这一年还有五人尚在人世。

然而，在这场世纪大瘟疫中，王粲、徐干、陈琳、应玚、刘桢，全部去世。

> 昔年疾疫，亲故多离其灾，徐、陈、应、刘，一时俱逝，痛可言邪？
>
> ——《与吴质书》

建安文坛，自此七子永亡，只剩下曹家父子。

在伤感中，曹植面对触目惊心的大死亡，悲伤地写下："家家有僵尸之痛，室室有号泣之哀。"

> 家家有僵尸之痛，室室有号泣之哀。
> 或阖门而殪，或覆族而丧。
>
> ——《说疫气》

曹丕回忆起生前与伙伴们嬉戏游乐的场景，想到多年知己倏忽之间全部离世，悲痛地说："我以为长命百岁，应当是人人都有的，却没想到，不过数年好友竟然凋零殆尽。"

> 谓百年己分，可长共相保，何图数年之间，零落略尽，言之伤心。
>
> ——《与吴质书》

建安二十二年大瘟疫爆发，曹丕一夜之间失去四位好友，再想想他在王粲葬礼上学驴叫的情景，那可笑的画面背后，是让人流泪的现实。

然而，这只不过是压垮曹丕的最后一根稻草。

【世子之争】

汉末社会秩序崩溃以后，天下汹汹，整个国家在朝廷党争、黄巾起义、董卓独权、军阀割据、世家站队、流民暴动乃至曹家父子四处征战等各方面因素的加持下，已经变得糜烂不堪。

> 汉末，天下大乱，雄豪并起。
>
> ——《三国志·魏书·武帝纪》

具体到曹丕本人，九岁时，他的哥哥曹昂，连同典韦、曹安民死于宛城深夜的惊变之中。

> 随太祖南征，为张绣所害。
>
> ——《三国志·魏书·丰愍王昂传》

曹操痛失接班人，曹丕却在哥哥身亡后，意外地顺位成为“长子”，随后便被裹挟着参与“立储之争”。在漫长的斗争中，曹操先是喜爱庶子曹冲，多次向朝臣暗示曹冲才是曹家的未来。

太祖数对群臣称述，有欲传后意。

——《三国志·魏书·武文世王公传》

但在208年，曹冲重病，曹操亲自祭拜苍天，祈求爱子痊愈，结果依然不能阻止曹冲的早夭。

年十三，建安十三年疾病，太祖亲为请命。

——《三国志·魏书·武文世王公传》

曹丕前去劝慰父亲，反而被父亲冷漠地回答说："冲儿早夭，是我曹操的不幸，却是尔曹的幸运。"

文帝宽喻太祖，太祖曰：此我之不幸，而汝曹之幸也。

——《三国志·魏书·武文世王公传》

此时十九岁的曹丕不敢多说什么。紧接着，十四岁的曹植异军突起。

曹植性格开朗，才情出众，文才极高，深得曹操喜欢。可惜他沉溺酒色，不能自律，甚至发生了关羽围困曹仁时，曹操命曹植率领一支部队去解围，结果曹植因为醉酒根本不能出行的荒唐事件。

欲遣救仁，呼有所敕戒。

植醉不能受命，于是悔而罢之。

——《三国志·魏书·任城陈萧王传》

曹操陷于立储的纠结中，曹植、曹丕两派间，不可避免地发生了互相攻讦、不死不休的“世子之争”。

这场斗争是漫长而复杂的，站队曹植的有曹操老乡丁仪、丁廙两兄弟，有“四世太尉”弘农杨氏的杨脩，还有让曹操都喜欢的不得了的大书法家邯郸淳。

植既以才见异，而丁仪、丁廙、杨脩等为之羽翼。

——《三国志·魏书·任城陈萧王传》

在曹丕一边，同样也有重量级人物，崔琰、桓阶、卫臻、邢颙，每一个都是汉末名士，每一个都是大族领袖。甚至连冠盖士族的颍川荀氏，似乎也加入了这场战斗，荀攸曾在病榻上单独见过一次曹丕。

攸曾病，世子问病，独拜床下，其见尊异如此。

——《三国志·魏书·荀彧荀攸贾诩传》

双方的斗争一度非常激烈，曹丕一党的崔琰和主管选举的毛玠都被曹植一党的丁仪施以毁灭性的打击。

这也是刚刚登基一个月的曹丕，便迫不及待地杀了丁仪等人的原因之一，可见睚眦必报是曹丕典型的性格特征之一。

> 是时西曹掾沛国丁仪用事，玠之获罪，仪有力焉。
>
> ——《资治通鉴·汉纪五十九》

【阴暗帝王】

当曹丕终于在波诡云谲、旷日持久的立储之争中获得胜利，时间走到了建安二十二年。

这一年，大瘟疫夺走了他好友的性命。

这一年，他与弟弟已经对打了近乎十年。

这一年，距离他父亲去世，只剩两年了。

两年的时间，根本不够曹丕树立足够的威望，所以曹操一死，天下皆动：曹操麾下的青州军和徐州军，只认曹操一人，他们鼓噪着、嚷嚷着，准备在曹操下葬期间发起骚乱。

> 会太祖崩，霸所部及青州兵，以为天下将乱，皆鸣鼓擅去。
>
> ——《魏略》

另一边，天下之中的旧都洛阳，隐隐传出即将动乱的信息。西部先是发生李越叛乱，曹丕刚嗣位，西平、张掖、酒泉三郡又发生叛乱。

家族中，曹操刚死，兄长曹彰就带着兵，气势汹汹地来要先王玺绶，意图夺权。

时鄢陵侯彰行越骑将军，从长安来赴，问逵先王玺绶所在。

——《资治通鉴·魏纪一》

两年后，斗了半辈子的弟弟曹植，竟然在曹丕登基称帝的关键时刻为失曹操意而大哭。

临菑侯植自伤失先帝意，亦怨激而哭。

——《三国志·魏书·任苏杜郑仓传》

在曹丕看来，曹植、曹彰都不可信，于是嗣位后，对宗室极尽打压；把曹植的待遇先从万户侯削减到八百户，然后一年之内让其两次迁徙，折腾曹植，还把曹植的党羽杀得干干净净。这还不算完，曹丕在给弟弟们封王之时，偏偏曹植晚封一个月。

王贬植为安乡侯，诛右刺奸掾沛国丁仪及弟黄门侍郎并其男口，皆植之党也。

——《资治通鉴·魏纪一》

或许从建安二十二年开始，曹丕就已经从风雅文人变成了阴暗的政治家。他将新欢郭女王立为贵嫔，一杯毒酒赐死了有怨言的原配甄夫人，并且在其死后侮辱尸体，以糠塞口，以发覆面。

初，甄后之诛，由郭后之宠，及殡，令被发覆面，以糠塞口。

——《汉晋春秋》

他降罪曹洪更是无厘头，仅仅是因为年轻时，曹丕向曹洪借钱未果。许多年后，曹丕竟然随便找个理由将曹洪下狱。这可是曾经救过曹操的曹洪，是如今大魏的卫将军曹洪。要不是曹丕生母卞夫人从中阻拦，恐怕又成了一桩荒唐冤案。

文帝在东宫，尝从洪贷绢百匹，洪不称意。

及洪犯法，自分必死。

——《魏略》

更不用说羞辱于禁了。

表面上，他对投降过关羽的老将军于禁恭敬安抚，并让于禁去祭拜曹操陵墓。暗地里，却命人连夜在曹操墓前画了“于禁投降关羽”的壁画，以示羞辱。人到晚年的于禁，乍逢大起大落，大悲大喜，羞愧之下，不久抑郁而死。

帝使豫于陵屋画关羽战克、庞德愤怒、禁降服之状。

禁见，惭恚发病薨。

——《三国志·魏书·张乐于张徐传》

曹丕什么时候变成这副面孔的呢?

或许是那场腥风血雨的立储之争，也或许是百废待兴的新生帝国，虎视眈眈的宗室兄弟，四处冒烟的边疆战事，渴望进步的世家大族和功臣集团。或许，无论多么浪漫有才情的人，一旦决定登上帝位，便会无可挽回地滑入深渊。

曹操重病之时，把自己最小的孩子曹干（又名曹良）“托付给”曹丕，他说：这孩子三岁就没了娘，如今五岁就要没了父亲，以后就交给你了。

> 良年五岁而太祖疾困，遗令语太子曰：此儿三岁亡母，五岁失父，以累汝也。
>
> ——《魏略》

曹丕早生白发，尚是稚子的曹干分不清楚人，经常会把曹丕当作曹操，总是叫他“阿翁”。曹丕每次听到，总是忍不住流泪。

> 良年小，常呼文帝为阿翁；文帝又愍其如是，每为流涕。
>
> ——《魏略》

或许他想到了许多年前，在宛城深夜遇害的哥哥曹昂，也或许想到了那个一生都对他严厉冷漠的父亲，想到了那个斗了半辈子的同父同母的亲弟弟曹植。

黄初七年，公元 226 年，魏文帝曹丕崩于洛阳，葬于首阳陵。

按照曹丕生前要求，陵墓不垒高山、不栽封树、不建寝殿，没有园林、没有神道，一切从简。

时至今日，考古学家依然无法确定曹丕墓地的准确位置。

第七章

二宫之争：孙权亲手放出来的政治怪物是什么样的？

公元250年，曹魏嘉平二年，东吴赤乌十三年，六十九岁的孙权终于无法忍受旷日持久的二宫相争，手起刀落，对参与二宫相争的力量开展大清洗：太子孙和被废，鲁王孙霸赐死，被孙权下狱、诛杀、流放、免职的官员不计其数。

【二宫之争】

其实，二宫相争的本质，还是立储之争。

孙权一共有七个儿子，长子孙登，次子孙虑，三子孙和，四子孙霸，五子孙奋，六子孙休，七子孙亮。

其中孙登一直被寄予厚望，很早就被立为太子，孙权按照接班人的模式对他进行了全方位的培养。

> 是岁，立登为太子，选置师傅，铨简秀士，以为宾友，于是诸葛恪、张休、顾谭、陈表等以选入，侍讲诗书，出从骑射。
>
> ——《三国志·吴书·吴主五子传》

但是很不幸，人到老年的孙权，白发人送黑发人，孙登在三十三岁时去世，而此时的孙权已经接近六十岁。

长子孙登去世，次子孙虑在刚成年时就早夭了，因此按照常理，老三孙和就顺理成章是新太子的人选。

于是，孙权在赤乌五年，即太子孙登去世后一年，册封孙和为新的太子。

> 赤乌五年，立为太子，时年十九。
>
> ——《三国志·吴书·吴主五子传》

本来，老年丧子、国储中断，对于东吴来说就是一件非常危险的事，既然孙权已经顺利且平稳地把老三送上了太子之位，按说这次政治动荡应该就这样轻轻地揭过去了。

结果，孙权做了一个非常微妙且富有深意的决定：由于他非常喜爱四子，于是在同年八月，孙权又册封四子孙霸为鲁王，在孙权有意的偏袒和维护之下，鲁王孙霸的起居待遇和政治地位直线上升，堪称“僭越”，享受的服饰礼仪跟太子几乎可以称得上一模一样。

> 初，权既立和为太子，而封霸为鲁王，初拜犹同宫室，礼秩未分。
>
> ——《三国志·吴书·吴主五子传》

中国封建历史上，从来都有“立长不立贤”的传统，也向来都不缺因“废长立幼”而引发祸乱，乃至身死国灭的案例。

不用往远处说，近在眼前的，跟孙权他爹孙坚同处一个时代，也算是曾经呼风唤雨的袁绍、刘表，两人都曾经因为“废长立幼”的决定走向灭亡。

> 袁绍、刘表……废嫡立庶，舍礼崇爱，至于后嗣颠蹙，社稷倾覆，非不幸也。
>
> ——《三国志·魏书·董二袁刘传》

袁绍生前没能有效协调长幼之间的关系，结果他去世后，袁谭、袁尚为了争权夺利互相攻击，最后被曹操各个击破——袁谭被杀，袁尚与袁熙逃往辽西，最终被公孙康所杀。

对于东吴朝臣来说，短短一年之间，原太子去世，皇三子孙和成为新太子，皇四子孙霸成为和太子地位一样重要的鲁王，变化来得确实有点太快、太猛烈了。

> 霸为鲁王，宠爱崇特，与和无殊。
>
> ——《三国志·吴书·吴主五子传》

这就难免让一些大臣担忧，老牌重臣诸如太常顾谭、太子太傅吾粲等人认为：鲁王“进步”得太快，有可能威胁太子的地位，因此请求孙权降低孙霸的待遇，或者直接把孙霸排挤出中央，出镇地方。

然而面对朝臣的担忧，孙权继续做出“失了智”的决策。

孙权认为，群臣的担忧和建议是合理的，为了不让太子和鲁王继续在宫里闹别扭，不如避免两人在一块居住，把两个孩子分开安置，不就能避免矛盾了？

> 于是分宫别僚，而隙端开矣。
>
> ——《三国志·吴书·吴主五子传》

于是孙权下令让太子和鲁王都离开宫廷，各自居住，并且授权二人自由配选官僚和下属。简单来说，孙权让两个孩子各自去“开府”，搭建自己的班底去了。

这是孙权放出来的第一头怪兽，我们可以叫它“继嗣之争”，叫它“二宫相争”，又或者“南鲁党争”，总之，这场持续八年，激烈又残酷的政治倾轧，正式开始了。

【举国中分】

或许是拿不准到底该传位给谁，也或许是太喜欢老四孙霸，但不管出于何种原因，这场由孙权主动挑起的党争，已经让东吴朝堂的内斗变得风雨激荡、波诡云谲。

孙权在太子孙和与鲁王孙霸之间模糊和暧昧的态度，导致一些政治投机者嗅到了机会的味道，纷纷开始站队，投靠鲁王一方。

但同时，宗法继承制度讲究“嫡长为尊”，太子孙和如今已经是事实上的长子，另外一批大臣则站在传统政治的立场上，坚决支持孙和。

两党之间的“火并”就此爆发。

按史书记载，丞相陆逊、大将军诸葛恪、太常顾谭、骠骑将军朱据、会稽太守滕胤、大都督施绩、尚书丁密等人，以

“废长立幼、取祸之道”的决绝姿态，坚决支持太子孙和。

> 丞相陆逊、大将军诸葛恪、太常顾谭、骠骑将军朱据、会稽太守滕胤、大都督施绩、尚书丁密等奉礼而行，宗事太子。
>
> ——《三国志·吴书·吴主五子传》

以骠骑将军步骘、镇南将军吕岱、大司马全琮、左将军吕据、中书令孙弘等人为代表的重臣，则完全按照孙权偏爱老四孙霸的“会议精神”，毫不掩饰地支持鲁王孙霸。

> 骠骑将军步骘、镇南将军吕岱、大司马全琮、左将军吕据、中书令孙弘等附鲁王。
>
> ——《三国志·吴书·吴主五子传》

东吴后期的历史，无论是《三国演义》还是影视作品，向来都着墨甚少。关于这场“大党争”，我们只需要梳理几个关键细节，就可以一窥东吴朝堂血腥与激烈的内斗。

党争爆发的三年前，东吴和曹魏发生“芍陂樊城之战”，在战斗中，全琮和其子全绪、全端付出了巨大的牺牲，所获得的政治回报竟不如张休和顾谭、顾承兄弟等人。如今，立场不同的全琮父子和顾谭、顾承兄弟，又因为南鲁党争的矛盾，更加对立。

所以“全琮父子构陷顾谭案”成为二宫相争的第一案，结局如下：在鲁王党全琮父子的攻讦之下，孙权本想直接杀顾家的人，但考虑到影响，最终将张休、顾谭、顾承全部罢官免职、流放到交州。

> 有司奏谭诬罔大不敬，罪应大辟。
>
> 权以雍故，不致法，皆徙之。
>
> ——《江表传》

然而，政治诬陷还在继续，不久后，流放在外的张休被孙权下诏赐死；顾谭到交州次年忧愤而死；顾承也英年早逝，年仅三十七岁。

> 弘因是谮诉，下诏书赐休死，时年四十一。
>
> ——《三国志·吴书·张顾诸葛步传》

接下来，是杀杨竺案。

孙权曾经秘密召见杨竺，商量废太子孙和而改立孙霸的事情。

对这种石破天惊的事，孙权自然很谨慎，选择在密室谋划，但是万万没想到的是，当孙权和杨竺开会时，竟然有人藏在床下偷听，还把这件事情透露了出去。

> 有给使伏于床下，具闻之，以告太子。
>
> ——《三国志·吴书十六·潘濬陆凯传》

听到孙权想要废掉自己的消息后，孙和大为惶恐，仓促间求救于尚书选曹郎陆胤，陆胤准备请陆家的头面人物——丞相陆逊出面，劝说孙权。

> 胤当至武昌，往辞太子……欲令陆逊表谏。
>
> ——《三国志·吴书十六·潘濬陆凯传》

结果，还没等到陆逊有所行动，当孙权知道自己“废太子而立鲁王”的想法被人传出来，还被陆胤拿到台面上来讨论，他怒不可遏，旋即把陆胤下狱，严刑拷打，质问消息来源。

谁曾想陆胤铁了心要保太子，打死不说孙权床下之人，反说是当时跟孙权开会的杨竺泄露的消息。孙权认为，换太子这个想法他只告诉过杨竺一个人，现在传出来了，再结合陆胤的证词，一定是杨竺泄密。

> 召胤考问，胤为太子隐曰：“杨竺向臣道之。”遂共为狱。
>
> ——《三国志·吴书十六·潘濬陆凯传》

所以孙权干脆将杨竺和陆胤一同抓入狱，且重点审问杨竺。杨竺一下狱便遭遇残酷拷问，受不了酷刑的他屈打成招，承认是自己泄密。最终，孙权盛怒之下直接下令斩杀杨竺。

> 竺不胜痛毒，服是所道。

初权疑竺泄之，及服，以为果然，乃斩竺。

——《三国志·吴书十六·潘濬陆凯传》

再接下来，是杀吾粲案。

陆逊确实是支持太子的，他在收到孙和的求救之后，曾经连续上表，劝谏孙权。

逊上疏陈：太子正统，宜有盘石之固，鲁王藩臣，当使宠秩有差，彼此得所，上下获安。谨叩头流血以闻。

——《三国志·吴书·陆逊传》

鲁王党刚开始没有人敢打击陆逊，他们退而求其次，先对陆逊的政治盟友，同时是太子党重要成员的吾粲下手。

吾粲是太子太傅，最重要的使命就是维护太子、保卫太子，自然不为鲁王所容忍。杨竺在入狱期间，为了自保，曾诬陷吾粲，加上孙霸在孙权身边的煽风点火，让孙权最终认为吾粲有“不忠”之心。紧接着就是“手起刀落”，把太子太傅吾粲先下狱，再诛杀。

由此为霸、竺等所谮害，下狱诛。

——《三国志·吴书·虞陆张骆陆吾朱传》

最后，便是逼死陆逊。

太子太傅吾粲坐数与逊交书，下狱死。权累遣中使责让逊，逊愤恚致卒，时年六十三，家无余财。

——《三国志·吴书·陆逊传》

孙权屡次派人指责，陆逊也试图解释、自证，但最终发现冷酷的孙权不仅衰老，而且已经丧失了基本的判断能力。百口莫辩、颜面扫地的他，想到自己的赤胆忠心被这样误解，一生勤勤恳恳，尽职尽责，到头来却遭受这样的侮辱，最后郁郁成疾，卧床不起，于曹魏正始六年、东吴赤乌八年，公元 245 年，不胜愤忿，怀恨而终。

至此，孙权晚年亲手放出来的第二头怪兽——党争，已经到了无法控制的地步了。

这场旷日持久的党争，使得本来政治还算清平的东吴迅速陷入了无休无止的内斗，而且斗争越来越激烈，事态越发不可收拾，东吴动荡不止，以至于惜字如金的陈寿也怒斥道：

孙权生性多疑，诛杀频繁，等到晚年，更加严重。

听信谗言、滥施暴行，以至于亲生的继承人都被废弃、杀死，这是为子孙善做安排、庇荫子孙的人吗？

然性多嫌忌，果于杀戮，暨臻末年，弥以滋甚。

至于谗说殄行，胤嗣废毙。岂所谓贻厥孙谋、以燕翼子者哉？

——《三国志·吴书·吴主传》

【两败俱伤】

朝堂上下打到“举国中分”的地步，孙权终于意识到，自己快要控制不住党争这头怪兽了。

此时无论孙和与孙霸哪一方上位，都会造成东吴政治格局的大地震：胜利者势必对失败者进行更残酷、彻底的清洗。

为了纠正二宫之争的错误，孙权决定出手处理此事。他采用了一种偏激的处理方法。孙权一开始将孙和关了禁闭，然而还没等到对太子的命运作出最终决定，朱据、屈晃等大臣因无法接受孙权对孙和的打击，选择用“泥头自缚”的方式向孙权劝谏；陈正、陈象也各自上疏劝谏。

> 于是骠骑将军朱据、尚书仆射屈晃率诸将吏泥头自缚，连日诣阙请和。
>
> ——《三国志·吴书·吴主五子传》

所谓“泥头”就是用污泥涂满头部、面部，“自缚”就是把自己反手绑起来。泥头自缚，一般用于亡国之君请降。

朱据等大臣用这样的方式出现在孙权面前，目的就是用这种极端屈辱的方式表达对孙权行为的不满，试图请孙权收回对太子软禁的决定。

结果孙权看到之后非常厌恶，又是大怒，将朱据、屈晃杖责一百，屈晃被罢官，朱据被贬谪，上疏劝谏的陈正、陈象下狱、处死、夷族。

> 权大怒，族诛正、象，据、晃牵入殿，杖一百。
>
> ——《三国志·吴书·吴主五子传》

然而，被杖责一百，似乎死里逃生的朱据，还没等上任，就被政治对手孙弘等人构陷。此时孙权已经病重，无力处理此事。孙弘等人竟趁着孙权昏聩，直接将堂堂东吴丞相朱据矫诏赐死！

> 因权寝疾，弘为诏书追赐死。
>
> ——《三国志·吴书·虞陆张骆陆吾朱传》

可见，孙权此时已展示出日暮穷途之相。

最终，他将太子孙和废黜，并流放丹阳郡。

这又激起很多人的反对，朝臣们完全无法理解这种决策，宁可不要命也要发表反对意见，然而孙权依旧不为所动，对这批反对的臣下，继续发动“大清洗”，该杀的杀，该贬的贬。

> 群司坐谏诛放者十数。
>
> 众咸冤之。
>
> ——《三国志·吴书·吴主五子传》

收拾完太子，接下来收拾鲁王。

鲁王本以为自己在斗争中已经获得最终的胜利，没想到，他迎来了父亲的“团灭礼包”：鲁王孙霸本人被直接赐死；对在党争中一度占据有利地位的全寄、吴安、孙奇等重臣，孙权以曾经参与谋害太子的罪名全部处死；那个搅得沸反盈天的杨竺，尸体还被扔到大江上以示羞辱。

谮毁既行，太子以败，霸亦赐死。

霸赐死后，又诛寄、安、奇等，咸以党霸构和故也。

——《三国志·吴书·吴主五子传》

太子和鲁王同时垮台，东吴朝堂上大批朝政精英和骨干官员被处死，这次党争几乎可以称得上“无人生还”。孙和与孙霸双双覆灭，“二宫之争”以一场彻底的两败俱伤收尾。

然而，孙和与孙霸虽然都被孙权“消灭”了，但孙权仍要面对一个严肃的问题——选定东吴未来的接班人。在思来想去，反复谋划之后，“大聪明”孙权先生做出了一个令人震惊的决定——将年仅七岁的幼子孙亮立为太子。

年七岁为皇太子，见傅相具师资之礼，大臣重之。

——《建康实录》

这个决定更为昏聩，在未来，东吴内部“主少国疑”的矛盾肯定是没跑了。

【主少国疑】

可是，孙权又有什么办法呢？

在他自己挑起二宫斗争，又用雷霆手段终结两个孩子的生命之后，眼前的七个孩子中，老大去世，老二早夭，老三废黜，老四赐死，能立为接班人的只有老五、老六、老七。

经过一番思考，孙权下定了决心。

曹魏嘉平二年，东吴赤乌十三年，公元250年十月，孙权将孙亮改立为皇太子。不久册立其母为皇后，孙亮由此成为孙权诸子中唯一的嫡子。

> 赤乌十三年，和废，权遂立亮为太子，以全氏为妃。
>
> ——《三国志·吴书·三嗣主传》

然而，孙权的偏爱并不能改变主少国疑的事实。此时，孙权距离自己人生的终点只有两年了。在这两年中，史书明确向我们透露，孙权已经彻底沦为宗室的掌中之物。这是孙权放出来的第三头怪兽：宗室权臣干政。

在册封孙亮为皇太子之后不久，垂垂老矣的孙权，在南郊祭祀天地之后，便得了风疾，一病不起了。

随着病情逐渐加重，孙权无法活动，只能在宫里静养，他看着只有八岁的新太子孙亮，再看看命不久矣的自己，终于意识到，一个八岁的孩子根本不能执掌这个复杂的国家，也许原来的那个太子孙和，才是最佳人选呢?

> 权寝疾，意颇感寤，欲征（孙）和还立之。
>
> ——《三国志·吴书·吴主五子传》

然而，当他提出这个想法之后，他的女儿全公主和吴国宗室的孙峻等人纷纷表示反对。已经没有力气再去左右朝政的孙权只好妥协。他艰难翻了个身，对女儿和孙峻等人的话不置可否，最终一言不发，静静地躺在榻上养病，迎接着自己离开人世的那一天。

> 全公主及孙峻、孙弘等固争之，乃止。
>
> ——《三国志·吴书·吴主五子传》

全公主是孙权与步夫人的孩子，步夫人生了两个女儿，大女儿叫孙鲁班，字大虎；小女儿叫孙鲁育，字小虎。

> 生二女，长曰鲁班，字大虎。
>
> 少曰鲁育，字小虎。
>
> ——《三国志·吴书·妃嫔传》

因为长女嫁给了全家，次女嫁给了朱家，所以长女被称为全公主，次女被称为朱公主。

事实上，孙权最小的儿子孙亮能够上位，全公主在背后没少出力。孙权在去世之前，安排身后之事时，辅政班子里除了排名第一的大将军诸葛恪是所谓的“外臣”，其他的托孤大臣都是宗室，尤其是孙弘和孙峻二人，他们都是全公主的姻亲，也就是说，他们都是全公主的党羽。

> 时全氏侯有五人，并典兵马……外戚贵盛莫及。
>
> ——《三国志·吴书·妃嫔传》

或许，让诸葛恪掌兵权并排名第一，正是孙权隐隐意识到宗室中存在着野心家而做的保险之举吧。

就这样，属于孙权的故事，在曹魏嘉平四年、东吴神凤元年，公元 252 年戛然而止了。

然而，他生前的所作所为，还在影响着东吴朝堂。由于孙权在二宫之争中过分相信女儿全公主，孙权去世后，全公主的党羽孙峻等人上位，导致托孤时排名第一、曾经是太子党人的诸葛恪，理所当然地成为全公主打击的目标。

在辅政大臣孙峻的帮助和策划下，孙亮继位后第二年，曹魏嘉平五年、东吴建兴二年，公元 253 年，诸葛恪在上朝时被残忍杀害。

> 武卫将军孙峻伏兵杀恪于殿堂。
>
> ——《三国志·吴书·三嗣主传》

随后，全公主又杀了废太子孙和。

当初，废太子孙和只是被流放，全公主为了避免将来再生枝节，授意孙峻派使者赐死孙和，走投无路的废太子孙和，最终和妻子张氏服毒自尽。

和与妃张辞别，张曰：吉凶当相随，终不独生活也。亦自杀，举邦伤焉。

——《三国志·吴书·吴主五子传》

然后，全公主又杀自己的亲妹妹：朱公主。

其中的原因很复杂，也充满了偶然性，总的来说，全公主和朱公主在当年的二宫相争中，立场就针锋相对，如今又遭到偶然事件的挑拨，让全公主在公元 254 年下定决心，借助权臣孙峻的手，将亲妹妹朱公主孙鲁育斩杀。

全主因言朱主与仪同谋，峻枉杀朱主。

——《三国志·吴书·妃嫔传》

全公主和孙峻如此嚣张，接连杀掉了大将军、废太子、亲妹妹，难道就不害怕吗？六年前，魏朝有个曹爽，也被认为是宗室权臣，也大肆打压老臣、谋求改制，结果被另一个权臣代表司马懿先骗再杀，连根拔起。

北方权臣会覆灭，南方能逃得掉吗？

全公主的好伙伴、白手套、狗腿子孙峻，有个弟弟叫孙綝，当全公主杀来杀去，杀到孙綝姐姐的头上，并且马上要对自己下手的时候，孙綝不假思索，迅速而果敢地发动政变，把兴风作浪的全公主和全氏一族的头部人物一网打尽。之后他废掉皇帝孙亮，改封会稽王，然后迎孙权的第六子孙休为帝。

綝率众夜袭全尚，遣弟恩杀刘承于苍龙门外，遂围宫。

——《三国志·吴书·诸葛滕二孙濮阳传》

至此，呼风唤雨的“宗室权臣”全公主，最终跟着自己捧起来的废皇帝孙亮被赶下台，流放至豫章郡，从此便消失在厚重的历史中。

綝遣将军孙耽送亮之国，徙尚于零陵，迁公主于豫章。

——《三国志·吴书·诸葛滕二孙濮阳传》

而刚刚上位的孙休，又杀掉扶持自己的权臣孙綝，风雨飘摇的东吴，在孙权亲手制造的动荡中，走向更加残暴和神经质的时代，最终被大晋消灭。

闿乘船欲北降，追杀之。夷三族。

——《三国志·吴书·诸葛滕二孙濮阳传》

下面还是要小小地得罪一下孙权。

在孙权发觉立储之争和党争的苗头之后，不当机立断，迅速处置，将储争扼杀于萌芽状态；反而是轻描淡写，不轻不重地敷衍处置，甚至有意放任双方对打，以巩固自己的地位，这使孙和、孙霸及二人党羽围绕储争，围绕个人和家族的利益、仇怨、旧事、前途，展开愈发激烈的博弈，终闹至不可收拾的崩溃局面。

无论是大臣之间的“斗”，还是宗室之间的“争”，抑或是全公主之流的“搅”，本质上，都源于孙权主动挑起又不曾管制的二宫之争。

二宫之争使东吴元气大伤，东吴的朝堂从此混乱不堪。太子被废、鲁王被杀，幼子孙亮登基导致诸葛恪、孙峻、孙綝等成为权臣，权臣内斗又会展开清洗和屠杀，一连串的血腥内斗，其始作俑者就是“大皇帝”。

> 夏四月，权薨，时年七十一，谥曰大皇帝。
>
> ——《三国志·吴书·吴主传》

造成这种恶性循环的局面，不得不说孙权先生的责任“重大”。

第八章

侵略如火：站在司马懿身后一同抵抗诸葛亮的，是谁？

被打怕了的司马懿尽量避免与诸葛亮有任何交集，诸葛亮的最后一次北伐，司马懿坚守大寨，就是不出兵。

在这连续对峙的一百多天里，诸葛亮多次挑衅司马懿，甚至给司马懿送去了女人的衣服以示嘲讽，试图激怒司马懿前来应战，创造或寻找战机与魏军决战。

> 亮数挑战，帝不出，因遗帝巾帼妇人之饰。
>
> ——《晋书·宣帝纪》

魏军群情激奋，纷纷要求迎战出击，活捉诸葛亮。面对诸将的愤怒，震慑不住这些宗亲悍将的司马懿没办法，只能千里求援，询问皇帝自己是不是可以出兵。

> 帝怒，表请决战，天子不许，乃遣骨鲠臣卫尉辛毗杖节为军师以制之。
>
> ——《晋书·宣帝纪》

诸葛亮早就看穿了司马懿的把戏，当护军将军姜维询问时，诸葛丞相略带失望地说："如果司马懿真能战胜我，按照他的作战风格，早就出城迎战了，何必千里迢迢上表请战呢？无非是做个样子，堵住他手下诸位将领的嘴罢了。"

亮曰："彼本无战心，所以固请者，以示武于其众耳。将在军，君命有所不受，苟能制吾，岂千里而请战邪！"

——《晋书·帝纪第一》

诸葛亮和司马懿都知道，只要魏军胆敢出击，那么在正面战场上，司马懿必定大败而归，作战毕竟不是游戏，双方将领都在小心翼翼地观察着战场的局势。

当初司马懿刚刚来到关中地区时，也是雄心勃勃，试图把诸葛亮一击绝杀，只可惜，带兵打仗一向很顺利的司马懿自从遇到诸葛亮，就一直处于哑火状态。

故事要从很多年前说起。

【权力洗牌】

黄初七年五月，大魏文皇帝曹丕病重，将不久于人世。在彻底失去意识前，他把曹真、陈群、司马懿叫到病榻前，安排身后事。曹丕告诫太子，这三人是我留给你的中坚骨干，放心大胆地用。随后便溘然长逝。

及天子疾笃，帝与曹真、陈群等见于崇华殿之南堂，并受顾命辅政。

——《晋书·宣帝纪》

此时的司马懿心情应当是复杂的、焦虑的。一方面，自己多年好友、老领导在壮年突然离世，令人唏嘘；另一方面，新旧交替之后，权力格局即将洗牌，司马懿不得不思考，自己还能在牌桌上站多久？

为太子所信重，与陈群、吴质、朱乐号曰四友。

——《晋书·宣帝纪》

而且，谁也没料到新任领导明皇帝曹叡“沉毅断识”，深不可测，这个先帝临死前一天才确立的太子，甫一登基，就展示出了惊人的政治手段。

比如，所有人都以为新皇帝是因为口吃才不愿意接见朝臣，但四个托孤大臣非常清醒地意识到，新皇帝不接见他们的根本原因，是对其四人不满意、不信任。群臣派出代表刘晔去探一探新皇帝的底儿，没想到一直活跃在曹魏核心的战略专家刘晔，见过新皇帝之后，冷汗涔涔的，出来给这几人说：“秦始皇、汉武帝，大约便是如此。”

众人侧听，晔既出，问：“何如？”

晔曰：“秦始皇、汉孝武之俦，才具微不及耳。”

——《魏略》

在魏朝最高权力更替的关键时刻，一直喜欢占小便宜的孙权，敏锐地意识到这是一次北伐的好时机。八月，孙权率军围攻江夏郡，开始了对他梦寐以求的淮南地区的第N次围攻；

> 八月，孙权攻江夏郡，太守文聘坚守。
>
> ——《三国志·魏书·明帝纪》

江夏太守文聘坚守作战。由于连天大雨，江夏的防务和很多装备都损坏了，没来得及修补，因此文聘支撑得很辛苦，情况十分危急。朝野都建议皇帝下旨发兵，救援江夏，魏明帝却一针见血地指出："孙权只擅长水战，不擅长陆战，如今敢下船围攻江夏，无非是趁着文聘在防务上有疏忽，试图以小博大、打个突袭，现在文聘已经跟他相持起来，久攻不下，孙权一定会撤军。"

> 帝曰："权习水战，所以敢下船陆攻者，几掩不备也。今已与聘相持，夫攻守势倍，终不敢久也。"
>
> ——《三国志·魏书·明帝纪》

果然，围城二十余日没有结果后，吴军撤军。

一个被冷落了十几年的皇子，一个几乎没有政务经验、更没有军队经验的小皇帝，竟然如此冷静，判断如此精准，曹叡的决策再次震惊了朝野，司马懿也不得不对这个年仅二十三岁的皇帝小心对待起来。

很快，朝廷再次变动。

【染指军权】

一边是东吴诸葛瑾、张霸率军进攻襄阳，另一边是诸葛亮再次准备北伐，早就对辅政大臣不满的曹叡立即展开人事调动：

抚军将军司马懿率兵前往荆州，讨伐东吴诸葛瑾；此外征东大将军曹休、大司马曹真的职务也有些许变动。

> 及孙权围江夏，遣其将诸葛瑾、张霸并攻襄阳，帝督诸军讨权，走之。
>
> ——《晋书·帝纪第一》

当初先帝留下的四个辅政大臣，在军事危机之下，经过曹叡的人事调动，全被调出朝廷。对皇帝来说，原本掣肘的、拥有共同决策权的几个重臣，如今都“降级”为方面军司令，曹叡终于掌握了帝国中央唯一的话语权。

“祸兮福之所倚”，司马懿虽然让出了中枢重臣的位置，却第一次真正掌握了军权。

此前，公元224年，曹丕伐吴时，司马懿所谓的第一次拿到了军权，镇守许昌，任抚军大将军、领兵五千；公元225年，曹丕再次挥师伐吴，司马懿留守许昌，稳定大后方。这些领兵经历，都是镇守后方，司马懿并没有领兵作战，更没有在军队中积累班底和人望。

> 帝留镇许昌，改封向乡侯，转抚军、假节，领兵五千，加给事中、录尚书事。

> 六年，天子复大兴舟师征吴，复命帝居守，内镇百姓，外供军资。
>
> ——《晋书·宣帝纪》

曹丕去世前，宗亲大将、征南大将军、荆州牧夏侯尚因为爱妾去世，郁郁而终，荆扬地区瞬间出现了防务上的隐患，曹叡选来选去，发现宗室里面，几个镇守西部和东部的大将确实不能动，似乎只有司马懿能去南方顶一阵。

就这样，四十八岁“高龄”的司马懿第一次指挥整个方面军进行作战，并且甫一上任，就展示出了非凡的军事才能。面对东吴诸葛瑾、张霸率军进犯，司马懿不仅成功击退了吴军，并且为了扩大战果，选择继续追击，成功斩杀了敌将张霸，斩首千余级，由此他也升任了骠骑将军。

> 进击，败瑾，斩霸，并首级千余。
>
> 迁骠骑将军。
>
> ——《晋书·帝纪第一》

从此开始，侵略如火的大将司马懿，也正式上线了。

军事上来说，司马懿好像确实有一些天赋在身上，他个人风格极其鲜明，“侵略如火、动如雷霆”一度成为司马懿的标签。

有了出色的表现和军功的加持，朝廷对司马懿镇守南方逐渐放心，太和元年六月，司马懿正式升任方面军总司令，都督荆、豫二州诸军事，屯兵于宛。

太和元年六月，天子诏帝屯于宛，加督荆、豫二州诸军事。

——《晋书·帝纪第一》

十六年前，一生多次反叛的孟达，与法正、张松组成三人组，迎接刘备入益州，从此孟达投靠了刘氏阵营。

孟达可以说是小人，他也心甘情愿做小人。

关羽威震华夏，包围樊城、襄阳时，为了保证战争的胜利，曾经连续多次下令，让孟达、刘封率领上庸地区的兵力前来支援。但刘封、孟达内心有自己的盘算，他们觉得关羽胜利在望，而部队刚刚占领上庸，人心不稳，不适合发动大军，因此多次拒绝了关羽的命令。

自关羽围樊城、襄阳，连呼封、达，令发兵自助。封、达辞以山郡初附，未可动摇，不承羽命。

——《三国志·蜀书·刘彭廖李刘魏杨传》

结果战局急转直下，很快关羽就死于东吴的“背刺”，蜀汉丢失荆州三郡，长江沿线的北伐基地损失殆尽，《隆中对》的天下格局从此成为不可能实现的泡影。自知闯下弥天大祸的孟达临危卖主，给刘备去了一封信，表示自己跟刘封有隔阂，没法共事，而且自己的失误导致了关将军的殒命，不敢再留在大汉了。

达既惧罪，又忿恚封，遂表辞先主，率所领降魏。

——《三国志·蜀书·刘彭廖李刘魏杨传》

于是他拍拍屁股，投靠曹魏，并在后来受到魏朝的重用，备受皇恩，历任散骑常侍、建武将军。魏文帝曹丕还将房陵、上庸、西城三郡合为新城，任命孟达为新城太守，委以西南之任。

魏文帝善达之姿才容观，以为散骑常侍、建武将军，封平阳亭侯。

合房陵、上庸、西城三郡为新城郡，以达领新城太守。

——《三国志·蜀书·刘彭廖李刘魏杨传》

尽管孟达深受曹丕信任，但如今曹丕已经去世了，最大的靠山消失了，因此他内心极其不安——当年事出有因投魏，如今事出有因再度归蜀，岂不美哉？

及文帝崩，时桓、尚皆卒，达自以羁旅久在疆埸，心不自安。

——《三国志·魏书·明帝纪》

公元225年，诸葛亮南征凯旋后，有一个曹魏投降来的李鸿拜见诸葛亮，两人在谈话时谈起孟达："有人对孟达说，诸葛亮想杀了孟达留在蜀国的家人，全亏先主没有采纳这意见。"

鸿曰："间过孟达许，适见王冲从南来，言往者达之去就，明公切齿，欲诛达妻子，赖先主不听耳。"

——《三国志·蜀书·霍王向张杨费传》

一向善于统一战线的诸葛丞相敏锐地意识到，处于失去靠山的焦虑中的孟达，或许真能再次争取过来。于是诸葛丞相开始出招——孟达本身不重要，孟达所处的上庸三郡却意义非凡。

诸葛亮闻之，阴欲诱达，数书招之，达与相报答。

——《三国志·魏书·明帝纪》

果然，曹丕死后，孟达与诸葛丞相恢复了通信，诸葛亮开始诱降孟达，并且宽慰孟达说："当年不救关羽都是刘封的责任，不是你的过错，希望你能早日归来。"

这里插播一下，这些事件的部分史料来自《晋书·宣帝纪》，其中为了凸显司马懿的正确，有些史料可能在一定程度上丑化了诸葛亮，读者还需辩证看待。

话说回来，诱降孟达，成了诸葛亮和司马懿的第一次间接交锋。

【千里奔袭斩孟达】

孟达决意反叛后，诸葛亮为了促使孟达尽快行动，以防夜长梦多，使了一个小小的手段。

他得知魏兴太守申仪与孟达关系不好，因此故意派人到申仪处透露此事，把局做死，堵住孟达的退路。这样一来，如果孟达能顺利起事，蜀汉就可以轻松收回上庸三郡；孟达即便回蜀不成，也能牵扯魏军兵力，为自己北伐赢得时间和战机。

蜀相诸葛亮恶其反覆，又虑其为患。达与魏兴太守申仪有隙，亮欲促其事，乃遣郭模诈降，过仪，因漏泄其谋。

——《晋书·帝纪第一》

申仪获得信息之后，扭头就把情报上报给领导司马懿，司马懿大为震惊，他同诸葛亮一样，清醒地认识到，所有的行动都要在孟达不把上庸三郡移交给蜀汉的前提下才有意义。

因此司马懿也立即给孟达写了一封“情感真挚”的信，在信中他说：“将军你当初抛弃刘备、投身国家，国家也待你不薄，把上庸三郡交到你手里。诸葛亮早就想从你这里打开突破口了，只是苦于没有路子，他们向我告密说你要叛离魏朝什么的，我知道都是那些人挑拨离间！”

帝恐达速发，以书喻之曰：“将军昔弃刘备，托身国家，国家委将军以疆埸之任，任将军以图蜀之事，可谓心贯白日。蜀人愚智，莫不切齿于将军。诸葛亮欲相破，惟苦无路耳。模之所言，非小事也，亮岂轻之而令宣露，此殆易知耳。”

达得书大喜，犹与不决。

——《晋书·帝纪第一》

“稳军计”产生了应有的效果，孟达收到司马懿的信后大喜，又开始犹豫不决。

诸葛丞相早就跟他说过，事不宜迟、夜长梦多，他若早点举事，诸葛亮还能留个位置，晚了，下场只能是被歼灭或者改造了。孟达自信地给诸葛亮回信，说：“司马懿驻扎在宛城，我起事之后，他需要先请示朝廷，宛城距离首都洛阳八百里；等司马懿拿到魏廷的反馈，再率领军队到我这里，从宛城出发到上庸又有一千两百里，一来一回，路程上至少需要一个月的时间。等他们到了，我的城防早就坚固异常了，定叫他有来无回。”

> 初，达与亮书曰：“宛去洛八百里，去吾一千二百里，闻吾举事，当表上天子，比相反覆，一月间也，则吾城已固，诸军足办。则吾所在深险，司马公必不自来；诸将来，吾无患矣。”
>
> ——《晋书·帝纪第一》

孟达可以犹豫不决，可以自大，司马懿收到情报之后却不能再等了，他再次发挥自己风火雷电般的作战风格：一边请示皇帝，一边不等朝廷回信，直接率领大军出发。

其他将领小心翼翼地提醒他，是不是再等等朝廷的批示，再看看孟达的反应，我们再行动？同事们的言外之意是：你敢先斩后奏、不打招呼就调动部队，我们可不敢跟啊。

诸将言达与二贼交构，宜观望而后动。

——《晋书·帝纪第一》

司马懿完全没有停下脚步的意思，他一边继续命令大军准备出发，一边安抚诸将，说："孟达毫无信义可言，他现在犹豫不决，正是我们一举拿下的机会！"

帝曰："达无信义，此其相疑之时也，当及其未定促决之。"

——《晋书·帝纪第一》

听到司马懿这话，各位看官是不是有一点恍惚？此时的司马懿，还真是一副国之干城的模样。

司马懿率领部队急行军，日夜兼程开赴新城。与颟顸自大的孟达的设想完全不一样，他原本以为曹魏军团到此至少需要一个月的时间，但是司马懿仅仅用了八天，曹魏大军就兵临城下，并将他包围。

乃倍道兼行，八日到其城下。

——《晋书·帝纪第一》

孟达对此没有任何思想准备，大惊失色。于是他一方面据城死守，一方面向诸葛亮和陆逊求救。司马懿没有喊话投降、书信往来等外交动作，他没给孟达任何妥协的机会，直接包围，开始攻城。

吴、蜀得知司马懿率军到达新城后，分别派出援兵前去救援孟达，但都被司马懿提前部署的兵力拦阻在安桥、木兰塞等地。

公元 228 年正月，司马懿兵分八路，日夜不停地开始攻城，一边进行围城战，一边暗中送信给孟达的外甥邓贤和部将李辅，用以分化敌人，他说："朝廷只追究孟达反叛的罪责，其他从犯只要弃暗投明，一律赦免。"

> 帝渡水，破其栅，直造城下。八道攻之。
>
> ——《晋书·帝纪第一》

就这样，在司马懿攻城的第十六天，邓贤和李辅打开城门投降；司马懿大军随即擒获孟达，孟达被斩首，其脑袋被送往首都洛阳。

> 旬有六日，达甥邓贤、将李辅等开门出降。
>
> 斩达，传首京师。
>
> ——《晋书·帝纪第一》

闪击孟达之战是司马懿"由文转武"的里程碑，此后在人们的印象中，司马懿既是谋士，也是攻守兼备、能谋善断的将领。

当然，司马懿发动的闪击战除了奇袭擒孟达，还有平辽东，千里斩公孙渊，这两场闪击战都是魏晋时代的经典战役。等到高平陵之变，司马懿诈曹爽时，更是把阴谋诡谲和侵略如火玩到了极致。

这套做法可谓屡试不爽，淮南三叛中的王凌之乱爆发时，司马懿还是老一套：写信安抚王凌，赦免他罪，然后率领中央禁军，水陆并进，九日行军一千里，包围王凌。无计可施的王凌只能投降。

> 夏四月，帝自帅中军，泛舟沿流，九日而到甘城。
>
> 凌计无所出，乃迎于武丘，面缚水次。
>
> ——《晋书·帝纪第一》

一个四十八岁“高龄”才开始带兵的文官，军事布局高瞻远瞩，用兵奇诡，下手狠辣，判断力精准，声东击西玩得炉火纯青，力求一击毙命，确实堪称名将水平。

直到他遇到了一生之敌——诸葛亮。

【打到熄火】

新城之战，司马懿和诸葛亮只能算作间接交手。等曹魏的大将军曹真去世后，也是诸葛亮第四次北伐曹魏、剑锋再指祁山时，司马懿接替曹真，成为西部方面军的总司令。

> 三月，大司马曹真薨。
>
> 诸葛亮寇天水，诏大将军司马宣王拒之。
>
> ——《三国志·魏书·明帝纪》

231年春天，诸葛亮派兵包围了祁山，并在祁山东北修建卤城作为蜀军大营。

三月，诸葛亮抵达天水，同一时间，曹真去世，司马懿空降到雍梁地区，屯驻长安，向陇右进兵。

> 乃使帝西屯长安，都督雍、梁二州诸军事。
>
> ——《晋书·帝纪第一》

司马懿进军途中，张郃建议分出部分兵力镇守雍、郿，保证大后方的安全。司马懿拒绝了这个提议，认为应该集中优势兵力，重点打击诸葛亮和祁山方向。

事实上，诸葛亮确实像张郃担忧的那样，准备打关中的后方，因为此时那边只有郭淮、费曜率领的两支部队，而且这两支部队刚在去年秋冬之际被魏延率军大破，目前实力极其空虚。

四月，诸葛亮听闻曹魏大军向自己袭来，于是在部署完其他部队之后，亲自率领一支军队去上邽割魏朝的麦子。

> 亮闻大军且至，乃自帅众将芟上邽之麦。
>
> ——《晋书·帝纪第一》

面对诸葛亮的这一举动，初来乍到的司马懿没太大反应，其他将领却纷纷表现出了“惊恐”。司马懿为了安抚诸将，决定再来一次“侵略如火”，说自己两天就能赶到上邽地区。

事实上，司马懿确实赶到了，但是结果不太好，双方遭遇之后的具体细节没有记载，我们只知道魏朝西线战场最高级别的两位指挥官——征西车骑将军张郃、后将军费曜——被诸葛亮轻松击败，然后魏军眼睁睁地看着诸葛亮割走了麦子，潇洒退军。

> 郭淮、费曜等徼亮，亮破之。
>
> ——《资治通鉴·魏纪四》

打了败仗又被割走了麦子的魏军，陷入极度缺粮状态，司马懿、郭淮等不得不从关中运粮，郭淮甚至连哄带吓地征发羌胡人的粮食做军粮。

> 是时，陇右无谷，议欲关中大运，淮以威恩抚循羌、胡，家使出谷，平其输调，军食用足，转扬武将军。
>
> ——《三国志·魏书·满田牵郭传》

司马懿不服，准备追上诸葛亮，试图在诸葛亮撤军的时候寻找战机。

张郃就劝司马懿说："等诸葛亮粮食没了自会撤军。"

> 张郃曰："今亮县军食少，亦行去矣。"
>
> 宣王不从，故寻亮。
>
> ——《三国志·蜀书·诸葛亮传》

司马懿还是不服，坚持要尾随诸葛亮，诸葛亮走几步他就跟几步，但是等真正追上了蜀汉大军，他又不打仗，原地登山、掘营、固守，就是不出击。

气得底下几个干部“吐槽”司马懿：“‘畏蜀如虎’嘛，真是不害臊！”

> 宣王不从，故寻亮。既至，又登山掘营，不肯战。
> 贾栩、魏平数请战，因曰：“公畏蜀如虎，奈天下笑何！”
> 宣王病之。
>
> ——《三国志·蜀书·诸葛亮传》

对峙一段时间后，诸葛亮撤了对祁山的包围，将部队集中在卤城准备离开。司马懿见状认为决战时机到了，准备包围诸葛亮的军队。

于是司马懿派张郃进攻卤城以南的王平部分，自己则率军进攻卤城以北的诸葛亮的主力，力图以钳形攻势击败诸葛亮。

结果还是一样的：诸葛亮轻松大败司马懿，缴获物资“甲首三千级，玄铠五千领，角弩三千一百张”，司马懿死里逃生，灰溜溜逃回营帐。

> 亮使魏延、高翔、吴班赴拒，大破之，获甲首三千级，玄铠五千领，角弩三千一百张，宣王还保营。
>
> ——《三国志·蜀书·诸葛亮传》

这下，侵略如火的司马懿开始哑火了，只得老老实实坚守营帐对峙。

六月，诸葛亮见粮草接应不上，又收到后主刘禅下令北伐军撤退的命令，于是引军退回。

司马懿决定在诸葛亮撤军时再次出击，张郃再次建议司马懿说：“兵法有言‘围师必阙，归师勿遏’。”

> 亮军退，司马宣王使郃追之，郃曰：“军法，围城必开出路，归军勿追。”
>
> 宣王不听。
>
> ——《魏略》

司马懿不采纳，坚持让张郃领兵追击，张郃没办法，谁让司马懿是自己的顶头上司呢，谁让自己是投降到曹魏的将领呢？他只能无奈地前去追击诸葛亮，结果在木门道被埋伏于高处的蜀军射中右膝，最终伤重病逝。

> 郃不得已，遂进。蜀军乘高布伏，弓弩乱发，矢中郃髀。
>
> ——《魏略》

张郃并不是一般的军队将领，他是曹魏的五子良将、征西将军，是西线战场级别最高的几个将领之一。曹魏西线的将士，眼见从曹真到张郃，一个一个都被诸葛亮打蔫了，那种恐慌的情绪不蔓延是不可能的。

不信邪的司马懿，在此次出击后再遭重挫，从此再无侵略如火，只有“乌龟打法”：坚守不出，死命抵抗，坚决避免与诸葛亮有任何正面交锋。

后来，公元234年，诸葛亮最后一次北伐时，司马懿仍然死守不出击，被手下挤兑得无话可说就千里上表朝廷，让皇帝做决策。

远在洛阳的明帝当然知道司马懿的心理：司马懿是“都督诸军事”，大小决策由他说了算，用不着千里迢迢地问朝廷，如今装模作样地向自己请示，无非是快按不住手下的骄兵悍将了，请皇帝下旨，勒令他们老实点。

镇守西部与诸葛亮对峙的几年里，司马懿从发动闪击战的雄才，变成了千里请战、畏蜀如虎、龟缩不前的胆小之辈，被嘲笑为“女装大佬”、固军壁垒、不敢争锋，被人说诸葛亮活着的时候你不敢靠前，诸葛亮死了你还被吓得跑路。

> 生怯实而未前，死疑虚而犹遁。
>
> ——《晋书·帝纪第一》

【直接对决】

但其实，司马懿只是在坚决执行曹魏朝廷的指示而已。

真正与诸葛亮直接对决的，是这个国家的最高决策者：魏明帝曹叡。

诸葛亮实在是过于强大了，整个西部地区已经被打出了心理阴影，从将领到部队，到地方工作，再到魏朝老百姓，全都情绪低迷，不言再战。

曹叡应该是深切感受到了诸葛亮的可怕，从他登基以来，诸葛亮五次北伐，每次都让人心惊肉跳：

第一次北伐，南安、天水和安定三郡不战而降，曹魏“朝野恐惧”，逼得曹叡本人不得已御驾亲征，坐镇长安。

> 蜀大将诸葛亮寇边，天水、南安、安定三郡吏民叛应亮。
>
> ——《三国志·魏书·明帝纪》

第二次北伐，虽然诸葛亮围攻陈仓道而不克，但撤军时，将军王双去追诸葛亮，结果被斩杀。

> 魏将王双率骑追亮，亮与战，破之，斩双。
>
> ——《三国志·蜀书·诸葛亮传》

第三次北伐，蜀汉又攻占武都、阴平两郡，郭淮无力抵抗，只能撤退。曹魏朝廷决定报复蜀汉，试图反攻，却偏偏遇到连天大雨，帝国柱石之一的大司马曹真又一病不起，很快就去世了。这才不得已启用了司马懿。

> 会大霖雨三十余日，或栈道断绝，诏真还军。
>
> 真病还洛阳，帝自幸其第省疾。
>
> ——《三国志·魏书·诸夏侯曹传》

曹叡在长久的战斗和对峙中，敏锐地发现了蜀汉进攻的巨大缺陷，即诸葛亮每次进攻，都是有时间限制的，一段时间之后蜀军必定会因为后勤问题而撤军。简言之，蜀汉国力不足。

从此，曹魏对抗诸葛亮的战略就变成了“坚壁拒守”，并且明文告诉司马懿，严禁擅自出击，严格落实坚壁清野的总体战略，静静等待诸葛亮因粮草和后勤问题而退兵。如果想要作战，也只能在诸葛亮退军时才可以。而且倘若战机不允许，那就让诸葛亮回去，别找事儿。

诏宣王：“但坚壁拒守以挫其锋，彼进不得志，退无与战，久停则粮尽，虏略无所获，则必走矣。走而追之，以逸待劳，全胜之道也。”

——《三国志·魏书·明帝纪》

这也解释了，为什么诸葛亮去世之后，司马懿全线出击，但是看到护送诸葛亮遗体的杨仪突然率军回头，司马懿被吓到立刻停止追击，紧急撤退，眼巴巴望着杨仪率领军队，施施然地安全回家。

亮长史杨仪反旗鸣鼓，若将距帝者。

帝以穷寇不之逼，于是杨仪结阵而去。

——《晋书·帝纪第一》

事实上，从军事层面来说，从曹真到司马懿，从张郃到费曜，都抵不过诸葛亮。

所以，作为整个帝国的最终决策者曹叡，最终选择了稳扎稳打的战略，用强大的国力慢慢消耗弱小的蜀汉，只要不让诸葛亮在西部取得重大突破，那么当诸葛亮去世之后，西部的军事压力就会大幅下降——司马懿的所作所为，正是正确执行明帝决策的表现。

因此，能正面对抗诸葛亮的，只有整个曹魏帝国的唯一负责人：曹叡。

洋洋洒洒八千字，看起来似乎是在夸司马仲达，所谓千里定辽东，十日擒孟达，一朝捉曹爽，其实是在夸明帝，史书评价曹叡为："帝之方略，诸臣皆服，积极防御、任心而行。"

但本质上，还是在夸诸葛亮：诸葛亮以一敌九，仅步卒数万，便可长驱祁山，慨然有饮马河洛志；打到魏朝不解甲、不释鞍，这还不够强悍吗？

> 孔明起巴、蜀之地，蹈一州之土，方之大国，其战士人民，盖有九分之一也，而以贡贽大吴，抗对北敌，至使耕战有伍，刑法整齐，提步卒数万，长驱祁山，慨然有饮马河、洛之志。
>
> 仲达据天下十倍之地，仗兼并之众，据牢城，拥精锐，无禽敌之意，务自保全而已，使彼孔明自来自去。若此人不亡，终其志意，连年运思，刻日兴谋，则凉、雍不解甲，中国不释鞍，胜负之势，亦已决矣。
>
> ——《三国志·蜀书·诸葛亮传》

第九章

司马登天：曹魏宫廷惊魂三日，改写历史三百年

公元 239 年，景初三年，魏朝首都，洛阳。

刚刚走出嘉福殿的司马懿，在内心深处暗暗感慨：一个人的命运啊，就是不可预料。

精明强干的明帝曹叡突然重病不起，前阵子还在外带兵打仗的司马懿，突然就成了大魏的托孤重臣。

【从洛阳到辽东】

公元 238 年，景初二年，刚过完六十大寿的司马懿，在冰天雪地的正月，率领牛金、胡遵等步骑兵四万，从京师出发。

> 景初二年，帅牛金、胡遵等步骑四万发自京都。
>
> ——《晋书·帝纪第一》

此行的目的，是打击名义上的魏朝辽东太守，如今已自立为燕王的公孙渊。

司马懿正月出发，经孤竹、碣石，六月进至辽水，随后遭遇公孙渊的部队。司马懿沉着应对，声东击西，指挥魏军痛击公孙渊一方，三战三捷，长驱直入，曹魏大军进驻襄平[1]。

---

① 今辽宁省辽阳市。

乃纵兵逆击，大破之，三战皆捷。贼保襄平，进军围之。

——《晋书·帝纪第一》

八月，曹魏大军完成对襄平的包围，然后就是垒土山、挖地道、箭矢如雨，昼夜不停地进攻。

起土山地道，楯橹钩橦，发矢石雨下，昼夜攻之。

——《晋书·帝纪第一》

司马懿平辽东，是一场不论战术还是战略都非常精彩的高水平战争，但是，我们今天的重点不是辽东，因为在千里之外的帝都洛阳，即将发生一场惊心动魄的较量。

早在六月，司马懿刚刚进驻襄平前线时，就意识到不对劲。

一天晚上，司马懿梦到了明帝曹叡枕在自己膝盖上，并对司马懿说“看我的脸”，司马懿低头一看，发现明帝与平常完全不一样，因此心生厌恶。

初，帝至襄平，梦天子枕其膝，曰：“视吾面。”俯视有异于常，心恶之。

——《晋书·帝纪第一》

远在洛阳的明帝，到底怎么了呢？

辽东的战事很顺利，八月底，司马懿彻底夺取了战争的胜利。他下令屠杀十五岁以上男子七千人，而后又将公孙渊任命的公卿、将军、官员一律斩首，杀二千多人，收集尸体，筑造京观[1]，又收编百姓四万户，公孙渊政权就此覆灭。

> 男子年十五已上七千余人皆杀之，以为京观。
> 伪公卿已下皆伏诛，戮其将军毕盛等二千余人。
> 收户四万，口三十余万。
>
> ——《晋书·帝纪第一》

此时，首都的明帝曹叡依旧活蹦乱跳，甚至还在战争胜利之后，按律给出征将士封赏。

司马懿率领此次出征的将士，在蓟城接受了天子的慰问和犒劳。

> 天子遣使者劳军于蓟，增封食昆阳，并前二县。
>
> ——《晋书·帝纪第一》

此时是十一月，司马懿已经离开首都十一个月了。紧接着，十二月八日，明帝就突然不行了，重病不起，眼看着就要出事。

疾病来得如此突然，为江山社稷打算，明帝必须赶紧安排后事。

① 京观，古代战胜一方为了威慑敌人和炫耀武功，将战败方的尸体收集起来，堆成小山，再用土覆盖，形成的高冢。

十二月二十四日，明帝册立皇后郭氏，确立了她将来皇太后的身份，同时下诏任命燕王曹宇为大将军。

但很快，三天后，十二月二十七日，明帝又免去曹宇大将军之职，临时换将，以武卫将军代替曹宇担任大将军，时任武卫将军的人，就是曹爽。

> 以燕王宇为大将军，甲申免，以武卫将军曹爽代之。
>
> ——《三国志·魏书·明帝纪》

【拱卫皇权】

明帝病倒了，未来谁来执掌这个国家，是他死前必须处理好的一个难题。

曹叡此时才三十三岁，他的几个孩子又全部早夭，由于长期处于“绝嗣”的危险境地，因此，早在七年前，他就把刚出生的任城王曹楷之子曹芳过继到自己膝下，作为未来的接班人。

> 明帝无子，养王及秦王询。
>
> ——《三国志·魏书·少帝纪》

然而，时至今日，曹芳这个孩子也只有七岁。嗣子如此年幼，就必须有辅政大臣。

在明帝最初的设计中，未来给小皇帝曹芳配备的辅政大臣有五人，领头的是燕王曹宇，并升任曹宇为大将军，其次分别是领军将军夏侯献、武卫将军曹爽、屯骑校尉曹肇、骁骑将军秦朗。

> 帝以燕王宇为大将军，使与领军将军夏侯献、武卫将军曹爽、屯骑校尉曹肇、骁骑将军秦朗等对辅政。
>
> ——《汉晋春秋》

这份名单几乎毫不掩饰地表达了魏明帝的意图：宗室拱卫皇权。仔细观察这五人，不难发现他们几乎都是“诸夏侯曹”，也就是皇家宗室成员。

排名第一的大将军燕王曹宇，是曹操之子，深得明帝所宠幸和信任。

> 明帝少与宇同止，常爱异之。
>
> ——《三国志·魏书·武文世王公传》

排名第二的夏侯献，史料记载不多，据说是驸马夏侯楙与清河公主之子，是原大将军夏侯惇之孙，曹操的外孙。

排名第三的曹爽就更不用说了，他是原大将军、大司马曹真的儿子。

> 明帝即位，进封邵陵侯，迁大将军。
>
> ——《三国志·魏书·诸夏侯曹传》

第四位曹肇，他的父亲曹休，是魏武帝曹操的虎豹骑宿卫，魏文帝曹丕指定的四位顾命大臣之一，魏明帝早年间的魏国大司马。

> 曹休字文烈，太祖族子也。
>
> 太祖拔汉中，诸军还长安，拜休中领军。
>
> 文帝即王位，为领军将军，录前后功，封东阳亭侯。
>
> 帝征孙权，以休为征东大将军，假黄钺，督张辽等及诸州郡二十余军。
>
> ——《三国志·魏书·诸夏侯曹传》

就连最后一个姓秦的，秦朗，来头也不一般。简单来说，秦朗是曹操的养子，曹操生前对秦朗非常宠爱。

> 太祖甚爱之，每坐席，谓宾客曰："世有人爱假子如孤者乎？"
>
> ——《魏氏春秋》

魏明帝给未来小皇帝留下的，是五个久经考验、亲上加亲的宗室子弟。

不仅如此，为了能有效地拱卫皇室，曹叡挑选的这五人，还都兼着首都和大内的保卫职务。

例如夏侯献担任的领军将军一职，是由中领军升上来的，统领中护军、五校尉，以及武卫、骁骑、中坚、游击等禁军部队，可以说是禁军最高统帅。

中领军之资重者为领军将军，资轻者为中领军。

——《三国志集解》

时任武卫将军的曹爽，是禁军宿卫军武卫营的首领。

按说皇亲加禁军的配置，能保卫曹魏政权顺利交接，然而，有两个似乎不起眼的秘书，决定在这敏感的托孤时刻，强行参与进来，改写历史的轨道。

【还能再得意几天？】

自从魏明帝昏迷，辅政大臣排名第一的燕王曹宇，就一直在皇帝左右侍奉，随时等候皇帝的指示。

而宇常在帝侧，故未得有言。

——《汉晋春秋》

曹宇在皇帝身边忙活，有的人则是在外面忙活。

由于久居中枢，在漫长的政治工作当中，其他四位辅政大臣，有些人不可避免地与其他阵营产生了矛盾。比如夏侯献、曹肇、秦朗与孙资、刘放的矛盾。

中书监刘放、令孙资久专权宠，为朗等素所不善。

——《汉晋春秋》

孙资、刘放是魏朝的“大秘”。

曹操时代，孙资、刘放担任秘书郎；曹丕时代，二人担任中书监、中书令；曹叡时代，二人继续获得明帝的信任，更进一步，加侍中、光禄大夫，封县侯。

孙资、刘放与夏侯献、曹肇等人的矛盾，到底是由哪方引发的已经不重要了，重要的是，夏侯献、曹肇进入辅政名单之后，曾经当着孙资、刘放两人的面，发表过恐吓言论。

夏侯献等人对打鸣公鸡栖息的树说："它们占据这棵树也太久了，看看还能再得意几天！"

> 殿中有鸡栖树，二人相谓曰："此亦久矣，其能复几！"
>
> ——《资治通鉴·魏纪六》

孙资、刘放对夏侯献等人赤裸裸的政治清算恐吓感到极度紧张，尽管孙资、刘放所任的中书监和中书令也算重要岗位，但毕竟身份、地位不如托孤大臣，面对三个位高权重、掌握兵权、即将托孤的禁军首领、宗室大臣，孙资、刘放恐怕难逃一死。

> 放、资惧有后害，阴图间之。
>
> ——《资治通鉴·魏纪六》

因此，在受到人身恐吓之后，孙刘二人决定把水搅浑，铤而走险，放手一搏。

【打掉四人组】

很快，时机就到来了。

一直服侍在明帝身边的燕王曹宇，因为要与曹肇等人开会，暂时离开了皇帝身边。

宇下殿呼曹肇有所议，未还。

——《汉晋春秋》

刘放首先敏锐地发现了这个窗口期，找到孙资，要求他一同加入反击托孤大臣的行动，现在就去面见皇帝。

孙资很犹豫，下意识地拒绝了刘放的建议："现在不能动。"

刘放非常愤怒，质问孙资说："咱俩都快让人扔锅里煮了，还有什么不能动的？"

资曰："不可动也。"

放曰："俱入鼎镬，何不可之有？"

——《汉晋春秋》

听完这话，孙资瞬间缓过神来，头也不回地跟着刘放进宫"劝谏"皇帝。

孙刘二人进入皇帝寝室，假装不知情地问明帝："皇帝一旦有所不讳，江山要托付给谁呢？"

明帝很诧异，反问孙资、刘放说："你不知道我已经任命燕王曹宇了吗？"

帝曰："卿不闻用燕王耶？"

——《汉晋春秋》

孙资、刘放等的就是这句话，他们立刻抓住这句话攻击托孤五人。

孙刘二人说："陛下难道到忘了，武帝、文帝都曾专门下达敕令，藩王不得辅政；陛下您刚刚病倒，曹肇、秦朗等人就开始与宫里的奴婢厮混在一起，甚至还调戏您的妃嫔！燕王久在军营，威望甚高，恐怕是竖刁、赵高之流。"

> 陛下忘先帝诏敕？藩王不得辅政。且陛下方病，而曹肇、秦朗等便与才人侍疾者言戏。
>
> 燕王拥兵南面，不听臣等入，此即竖刁、赵高也。
>
> ——《汉晋春秋》

意识处于半模糊状态的明帝，听闻孙资、刘放的话，急火攻心，怒不可遏，当下就要换人，他问孙资、刘放："还有谁可用？"

> 帝得放言，大怒曰："谁可任者？"
>
> ——《汉晋春秋》

此时，恰好曹爽在殿内。

孙资、刘放如果把托孤五人全部打倒，恐怕会适得其反，招来更大的报复。只要能扳倒夏侯献、曹肇等人，孙资、刘放也不吝于将曹爽推向更高处，于是他们因势利导地推荐曹爽升任辅政第一人选。

> 放、资乃举爽代宇，又白“宜诏司马宣王使相参”，帝从之。
>
> ——《汉晋春秋》

同时，考虑到一人托孤，毕竟不符合古制，而且也无法制衡，鉴于此，两人又顺水推舟提出另外一个人选与曹爽共同辅政，这个人就是司马懿。

不知出于何种原因，明帝接受了孙资、刘放的意见，决定将辅政人员调整成曹爽与司马懿。

司马懿老先生，此时在干什么呢?

【反复拉锯，惊魂三日】

司马懿十一月底在蓟城接受封赏，随后慢慢悠悠地率领大军返回京师。

司马懿老先生当然可以在路上安心休养，但是京城这边，已经开始了又一轮的拉锯战。

听闻辅政大臣名单有变，自身的辅政地位被取消，曹肇在孙资、刘放等人离开后返回明帝处，声泪俱下地劝说明帝，要求维持原有格局不变。

> 放、资出，曹肇入，泣涕固谏，帝使肇敕停。
>
> ——《汉晋春秋》

在曹肇“泣涕固谏”的努力下，明帝答应了曹肇的要求，决定再考虑考虑新决定，并派曹肇去扣下孙资、刘放手里那份任命曹爽与司马懿的诏命。

然而，反转完了还有反转。

孙资、刘放两人顽强且勇猛，在生死攸关的时刻，回到明帝身旁，并再次说服了明帝，使得明帝最终又同意了任命曹爽与司马懿的方案。

> 肇出户，放、资趋而往，复说止帝，帝又从其言。
>
> ——《汉晋春秋》

平心而论，对于魏明帝曹叡这个临床意义上几乎丧失自理能力，法律意义上几乎丧失主观判断的人来说，孙刘二人反复的“劝说”，未免有些过于残忍，所谓的明帝“又从其言”，恐怕只是一个将死之人的痛苦呻吟罢了。

即便如此，孙资、刘放还不算完，他们竟然要求躺在病榻上的明帝亲手写下诏书，用以彻底做实任命曹爽与司马懿的方案，从而压制其他托孤大臣。

明帝已经不行了，即使贵为天子，他也毫不避讳地说：“我困笃，不能写。”

> 放曰：“宜为手诏。”
>
> 帝曰：“我困笃，不能。”
>
> ——《汉晋春秋》

然而，刘放再次爆发勇气，竟然直接登上皇帝床榻，抓着明帝的手写了一道诏书。随后，刘放出宫，大声喊道："有诏书，免去燕王曹宇等人官职，不得在宫中滞留。"

> 放即上床，执帝手强作之，遂赍出，大言曰："有诏免燕王宇等官，不得停省中。"
>
> ——《汉晋春秋》

事已至此，曹宇、夏侯献等人彻底败下阵来，最终也只能"流涕而出"。

> 于是宇、肇、献、朗相与泣而归第。
>
> ——《汉晋春秋》

到此为止，魏明帝生命末期的托孤安排，已经彻底走样，大将军曹爽和太傅司马懿，开始走向台前了。

【开追锋车，回京！】

其实司马懿先生，也不是全程都在外面晃荡。

正当司马懿慢慢悠悠回洛阳时，一封诏书到来，要求他不得回京，直接率领部队前往关中。

> 先是，诏帝便道镇关中。
>
> ——《晋书·帝纪第一》

司马懿不知道发生了什么，选择老老实实听话，改道往西走。这时，景初三年的新年刚过，时间进入正月。

其实，让司马懿去关中，是燕王曹宇的安排。

> 先是，燕王为帝画计，以为关中事重，宜便道遣宣王从河内西还，事以施行。
>
> ——《魏略》

曹宇这么做，有可能是想杜绝司马懿与皇帝会面，从而把司马懿排斥在中枢之外，也有可能是司马懿曾在关中跟诸葛亮对峙多年，由他全领关中军务比较合适。

不管怎么说，司马懿就这样老老实实地往西走了，当走到白屋时，又有一封诏书前来，要求他马上回京城，随后的三天之内，前前后后五道诏书，都是全力催促他快点返回洛阳的命令。

> 及次白屋，有诏召帝，三日之间，诏书五至。
>
> ——《晋书·帝纪第一》

其中甚至还有一封宫中辟邪[1]送来的明帝亲笔诏命，明帝在诏书上说："希望你快点回来，到了直接推门进来，看我的脸。"

---

① 古代宫中对仆役给使的称呼。

手诏曰："间侧息望到，到便直排阁入，视吾面。"

——《晋书·帝纪第一》

这下司马懿终于明白，六月份做的那个梦是怎么回事了。

首都有变，天子危在旦夕，在曹魏兢兢业业干了三十年的司马懿不会不知道其中的分量，因此立即动身，全速往京城赶去；为了加快速度，一个六十岁的老头，还不怕艰辛地用上了"追锋车"，这种车小巧精悍，能在战场上闪转腾挪。

追锋车，去小平盖，加通幰，如轺车，驾二。追锋之名，盖取其迅速也，施于戎阵之间，是为传乘。

——《晋书·舆服志》

从白屋到洛阳，司马懿一路狂奔，一夜跑了四百里地，第二天一早赶到皇宫，随后被迅速引到皇帝面前。

帝大遽，乃乘追锋车昼夜兼行，自白屋四百余里，一宿而至。

——《晋书·帝纪第一》

强撑在病榻上的明帝，终于见到了司马懿，他拉着司马懿的手说：

“死岂是可以忍住的？我强忍着不死，就是为等你。你要与曹爽一起辅佐幼子。”

> 帝执宣王手，目太子曰：“死乃复可忍，朕忍死待君，君其与爽辅此。”
>
> ——《魏氏春秋》

随后，明帝把齐王曹芳、秦王曹询召上殿，命他们拜见司马懿，又指着齐王曹芳，对司马懿说：“就是他，您看仔细，不要看错！”

> 别指齐王谓宣王曰：“此是也，君谛视之，勿误也！”
>
> ——《魏略》

最后，明帝让齐王曹芳上前，抱住司马懿的脖颈，以示托孤重任，司马懿泪流不止，连连叩头。

> 又教齐王令前抱宣王颈。
>
> ——《魏略》

当天晚些时候，曹芳被立为皇太子，明帝曹叡也驾崩了。

或许，从嘉福殿走出来的司马懿，会在心底暗暗感慨：一个人的命运啊，就是不可预料……

再往后的故事，大家就耳熟能详了。

小皇帝曹芳即位之后，加曹爽、司马懿侍中，假节钺、录尚书事，都督中外诸军事。

两人也随即开始了互飙演技、十年对打的旅程，当然这都是后话了。

其实，明帝留下的辅政架构被孙资、刘放轻易更改，并非完全是孙、刘二人私心作祟。在孙、刘第一次将司马懿拉入名单之后，明帝对这个方案基本认可，甚至在回光返照的时候，亲手写了诏书，命宫里的辟邪疾驰到司马懿大军驻扎地传诏，并且在十二月二十七日罢黜曹宇后，一直撑到过完年的正月中旬，见到了司马懿，亲口传达了这个命令，方才去世。

> 顾呼宫中常所给使者曰：辟邪来！汝持我此诏授太尉也。
>
> 辟邪驰去。
>
> ——《魏略》

因此，在明帝内心，也认为士族代表、四朝老臣、能文能武的司马懿，是合适的托孤人选。

历史没有如果，我们无法假设司马懿倘若没被托孤，曹魏朝堂会是怎样的。况且就算大胆假设，即便按照原先托孤五人的安排，使得明帝最初“宗室拱卫皇权”的设想落地，恐怕也很难压制以司马懿为代表的世家大族，很难改写士族崛起、门阀政治、皇权不振的历史潮流。

君不见，公元249年，高平陵之变诛杀曹爽时，司马懿振臂一呼，满朝世家，诸如蒋济、高柔、王肃、王观、陈泰、许允纷纷响应的景象？

事实上，自东汉末年社会秩序崩溃以来，魏晋南北朝三百多年间，门阀政治的崛起一直是历史的方向。

曹魏皇权衰败，士族崛起不可抑制，因土地兼并和贫富高度分化而形成的门阀世家，实际上已经成为国家的“主人”。就算没有司马懿，也会有另外一个世家门阀的代表，或许叫“司牛懿”，带着世家的诉求，强硬地参与中央朝廷的政治。

最后，我们再来个阴暗小故事。

正始十年，公元249年，正月初六，司马懿趁着曹爽带领皇帝和心腹前往高平陵扫墓祭拜的时机，迅速发动政变，控制洛阳中央朝廷，迫使留守皇宫的郭太后下诏免除曹爽兄弟职位。

当把首都的事宜安排妥当后，司马懿又与老臣蒋济一起前往洛水浮桥，屯兵驻守，并派人前去游说曹爽，向曹爽保证，只要他放弃所有政治权力，便能转危为安。

曹爽在政变中丧失了理智和判断，最终在彷徨无措中同意了司马懿的要求，率领小皇帝曹芳和自家兄弟“归降”司马懿，随后便被软禁于洛阳家中。

大家在提到这段历史的时候，总是会哀其不幸、怒其不争，怒斥曹爽愚钝，竟然轻易相信了司马懿的话。

然而，曹爽曾经亲身经历了发生在明帝生命晚年的“改易辅政大臣”事件。

在这一事件中，孙资、刘放和辅政五人之间的反复夺权，斗争不可谓不激烈，但是斗争失败的四人，虽然被排挤于中枢之外，但是结局都还算不错。

原排名第一的燕王曹宇，在斗争失败后还屡屡增封食邑，最终达到五千五百户，是名副其实的“富家翁”。

> 景初、正元、景元中，累增邑，并前五千五百户。
>
> 常道乡公奂，宇之子，入继大宗。
>
> ——《三国志·魏书·武文世王公传》

曹肇被赶出朝廷之后，“以侯第归”，又在老家生活了五六年，才寿终正寝。

排名第五的秦朗，罢官之后记载不多，但他的儿子在晋武帝年间曾经担任“博士”，还怒斥过贾充，因此可以推断出秦朗家族未遭受清算。

> 秦秀，字玄良，新兴云中人也。父朗，魏骁骑将军。
>
> 咸宁中，为博士。
>
> ——《晋书·秦秀传》

因此，曹爽才会选择相信司马懿，相信“斗争失败还能给个体面，回家做个富家翁”的说辞。

但结局我们都知道了：正始十年，司马懿指洛水为誓，诱骗曹爽投降，随后诛杀曹爽三族，杀曹爽兄弟曹羲、曹训三族，曹爽阵营中何晏、邓飏、丁谧、毕轨、李胜、桓范、张当等，全部被夷三族。

> 于是收爽、羲、训、晏、飏、谧、轨、胜并桓范皆下狱，劾以大逆不道，与张当俱夷三族。
>
> ——《资治通鉴·魏纪七》

所以，不能怪曹爽不明智，只能怪大魏太傅，不对，是大晋宣皇帝实在不知廉耻、食言自肥啊。

第十章

灭蜀疑云：邓艾钟会，为何会必然走向毁灭？

264 年，魏景元五年正月十八日，钟会在灭蜀之后拥兵自重，起兵谋反，被乱军所杀。

关于钟会谋反，在晋朝当官的陈寿，一早就在《三国志》里定调子说："朝野中早就有人发现了钟会包藏祸心，并提醒大将军司马昭早做准备，防止钟会谋反。"

但三百五十年后，在唐人所修的《晋书》中明确记载了，大将军司马昭对钟会始终信任有加，引为心腹，甚至当司马昭听到钟会谋反的风声时，表示不相信！

> 及钟会谋反，审问未至，而外人先告之。帝待会素厚，未之信也。
>
> 《晋书·荀勖传》

记载完全相反的两处史料，拉开了我们今天的故事。

【二士往事】

"出身低微，不是耻辱；能屈能伸，方位丈夫"，这是大多数人对邓艾的第一印象。这个小时候穷得只能放羊为生的底层人士，这个从农业部门辛辛苦苦成长起来的干部，还口吃，"期期艾艾”这个成语就与之相关。

> 少孤，太祖破荆州，徙汝南，为农民养犊。
> 为都尉学士，以口吃，不得作干佐。为稻田守丛草吏。
> ——《三国志·魏书·王毋丘诸葛邓钟传》

邓艾出身低微，却身负大才，尤其在战略上，眼光极其独到。

邓艾从田间地头的“稻田守丛草吏”干到典农功曹，用了整整二十年。四十岁这年，邓艾去首都参加专项工作会议，其间获时任太尉的司马懿赏识，司马太尉将其调任到自己府中，邓艾迎来了人生中的第一个“官”职——太尉府参谋。

> 后为典农纲纪，上计吏，因使见太尉司马宣王。
> 宣王奇之，辟之为掾，迁尚书郎。
> ——《三国志·魏书·王毋丘诸葛邓钟传》

随后，邓艾的才华就施展出来了。包括但不限于：

一、建立、考察、修订屯田制度，推进落实大魏屯田事业。

二、大力发展军屯营，修建水利基础设施，加强淮南粮食储备和军队防务，初步奠定了大晋统一天下的物质基础。

三、及时预警，发现匈奴右贤王刘豹将已经被曹操打散的匈奴部落合并起来的图谋，及时上表朝廷，引起各方重视。

四、力挫蜀军，曾经多次率领军队重挫蜀汉姜维军团的挑衅，维护了大魏西部的稳定，开创了魏军灭蜀的有利局面。

总之，在跟随司马懿并获得了一展拳脚的机会之后，邓艾确实做出了很多成就，尤其是带兵方面，从未离开过农业的他，竟然也有高超的军事天赋，一出手就是高级将领的水平。

在镇守帝国边疆、同姜维对峙的过程中，邓艾的职务也不断提升，伐蜀前，邓艾解锁了侯爵，升任镇西将军（后再升征西将军），都督陇右诸军事，封邓侯，食邑供给六千六百户。

这一年，邓艾六十四岁。

> 以艾为镇西将军、都督陇右诸军事，进封邓侯。
>
> ——《三国志·魏书·王毋丘诸葛邓钟传》

钟会跟邓艾不一样。

钟会是世家出身，父亲钟繇是颍川顶级士族的代表，钟繇在汉时出任司隶校尉，在曹操时代官至相国，在大魏为三公之一的太傅。

> 钟会字士季，颍川长社人，太傅繇小子也。
>
> ——《三国志·魏书·王毋丘诸葛邓钟传》

四世三公的河北袁氏，荀氏八龙和荀令君为代表的颍川荀氏，以杨震、杨秉、杨赐、杨彪“四世太尉”为代表的弘农杨氏，钟会从小就对他们不陌生，无非是世伯和连理的关系，没什么奇怪的。

钟会见到这些人只需要叫一声“伯伯”，而邓艾看到士族，又该怎么称呼呢？

邓艾不用称呼，因为他看不到。

钟会参加工作时，起步就是秘书省，后来被景王司马师相中，常伴左右，可谓司马氏最为核心的班底之一。淮南三叛之毌丘俭叛乱爆发时，司马师亲自带队平叛，钟会随军出征，是司马集团最核心的几个成员。

> 毌丘俭作乱，大将军司马景王东征，会从，典知密事，卫将军司马文王为大军后继。
>
> ——《三国志·魏书·王毌丘诸葛邓钟传》

紧接着，司马师在这次平叛过程中被文钦惊吓得眼睛迸出，即将不久于世，密令在首都监督百官的司马昭火速前往军营，面授机宜。只可惜还没等到司马昭赶来，司马师就死于军中。

> 初，帝目有瘤疾，使医割之。鸯之来攻也，惊而目出。
>
> ——《晋书·帝纪第二》

重大变故发生了：在司马氏篡权的关键时刻，首领暴毙于一线战场，曹魏的皇帝敏锐地抓住了这个契机，迅速出手。

曹髦以皇帝名义下诏，以毌丘俭刚刚被平定、天下还不太平为理由，命令司马昭出镇许昌；同时分化在军队中的傅嘏，要求由他率领大军班师。

景帝崩，天子命帝镇许昌，尚书傅嘏帅六军还京师。

——《晋书·帝纪第二》

在这千钧一发的时刻，是钟会站在司马昭一边，一起顶住来自曹魏皇帝的压力，一边让傅嘏把军权交到司马昭手里，促成“司马昭率领大军，杀气腾腾回首都”的局面，保证了司马师、司马昭权力的顺利交接。

帝用嘏及钟会策，自帅军而还。

——《晋书·帝纪第二》

从此之后，钟会从大都督司马师“霸府”里的核心成员成为大将军司马昭的心腹之臣。

随后是甘露事变，为命运抗争的小皇帝曹髦死在了司马昭另一个心腹贾充的刀下。此时，司马昭加九锡“三辞三让”的把戏才进行到第二轮。这滔天罪恶把司马昭逼到了一个尴尬的境地，要继续第三次加九锡，那就必须立一个更为显著的功劳。

伐蜀势在必行了。

伐蜀前线总指挥，任征西将军的钟会，也与邓艾在此时相遇了。

此时邓艾三十八岁。

【伐蜀事件】

时间回拨到一年前，曹髦被杀之后，司马昭急于做出一些成绩转移朝野舆论压力，以便自己有政治本钱继续三辞三让、称公建国，于是在耐心等待了许久之后，他敏锐地捕捉到姜维率军驻守沓中而远离汉中各关隘的时机，提出了伐蜀的战略目标。

> 今绊姜维于沓中，使不得东顾，直指骆谷，出其空虚之地，以袭汉中。
>
> ——《晋书·帝纪第二》

没想到满朝文武，甚至大将军府的核心班底都表示反对。尤其是邓艾，竟然千里迢迢上书，也对司马昭说了不。

邓艾的理由很直接，久在西部与姜维对峙的他，深刻地明白伐蜀绝不是一件轻松的事情。

二十年前，大将军曹爽为了刷履历镀金，也想伐蜀，也组织了十几万大军，也学着明帝那样，跑到长安亲自坐镇指挥，结果是伤亡惨重、关中人口牛马粮食虚耗。

> 所发牛马运转者，死失略尽，羌、胡怨叹，而关右悉虚耗矣。
>
> ——《汉晋春秋》

再往前四十年，曹操也想伐蜀，跟刘备整整打了两年汉中之战，耗费粮食上千万囊，投入兵力多达几十万，结果呢？无非就是花钱、废粮、死人，之后悻悻撤退，最终放弃了汉中。

曹公争汉中地，运米北山下，数千万囊。

——《三国志·蜀书·关张马黄赵传》裴松之注引《云别传》

所以，邓艾站在国家利益的角度，对伐蜀之事表示强烈反对。

听完所有意见后，只有一个人同意伐蜀，就是钟会。

钟会为什么会同意司马昭伐蜀，有两种答案。一是钟会深知司马昭此时的处境，君臣一体，钟会必须无条件支持司马昭渡过难关。还有一个腹黑的答案，是一种猜测，我们只看结果：时任司隶校尉的钟会，凭借伐蜀事件顺利地进入了军界，并由此开始掌握军权。

最终，司马昭力排众议，决心灭蜀。

景元四年八月，曹魏十八万大军兵分三路伐蜀。

邓艾率领西路军三万多人，出狄道，直扑姜维驻防地沓中，战略意图是纠缠、围困姜维。

雍州刺史诸葛绪率领中路军三万人，自祁山向武街、阴平桥头进攻，目的是当西路军无法消灭姜维时，在此处切断姜维后路。

钟会率主力东路军十余万人，分两路从斜谷、骆谷进军汉中，目的是打开入蜀的通道。进军汉中本来就是此战最大的目的。

于是征四方之兵十八万，使邓艾自狄道攻姜维于沓中，雍州刺史诸葛绪自祁山军于武街，绝维归路，镇西将军钟会帅前将军李辅、征蜀护军胡烈等自骆谷袭汉中。

——《晋书·帝纪第二》

九月，魏军发动全面进攻，姜维此前的命令是沿线部队不做抵抗，紧急回头，撤防至汉、乐两城；在魏军强大的攻势下，除了黄金城和汉、乐两城，汉中地区绝大多数关隘被攻下。

蜀令诸围皆不得战，退还汉、乐二城守。

——《三国志·魏书·王毌丘诸葛邓钟传》

十月，钟会大军直逼剑阁，蜀军大将姜维从桥头至阴平，一路向南撤，听闻诸多关隘已经失守，于是放弃中间的城池，直接前往剑阁，据守剑阁与钟会对峙。

姜维自沓中还，至阴平，合集士众，欲赴关城。未到，闻其已破，退趣白水，与蜀将张翼、廖化等合守剑阁拒会。

——《三国志·魏书·王毌诸葛邓钟传》

鉴于汉中绝大多数重要据点已被魏军攻下，前往天府之国的要道关卡只剩剑阁，钟会选择在此处略作停留，发布檄文，劝蜀地军民投降。

是以命授六师，龚行天罚，征西、雍州、镇西诸军，五道并进。古之行军，以仁为本，以义治之。王者之师，有征无战。

今镇西奉辞衔命，摄统戎重，庶弘文告之训，以济元元之命。非欲穷武极战，以快一朝之政。故略陈安危之要，其敬听话言。

——钟会《移蜀将吏士民檄》

到此，我们可以判断出，在司马昭和钟会的战略设计中，攻下汉中地区就是本次战争的最主要目标，拿下汉中诸郡就算圆满完成战略目的，灭蜀反而是不敢想象的意外收获。

为什么这么说呢？因为钟会在剑阁与姜维对峙且无法攻克时，魏军是准备班师回朝的。

会不能克，粮运县远，将议还归。

——《三国志·蜀书·蒋琬费祎姜维传》

事实上，作为有着明确目的的战争行为，钟会带领着一大帮士族子弟和元勋，声势浩大地前往蜀地，在未完成战略目标的情况下，是绝对不敢轻言撤退的。换言之，现在提出撤退，那一定是获得了大将军司马昭的同意。

如果准备班师回朝还不足以证明这一点的话，那么司马昭的一个行为，昭示了本次作战的核心目的就是拿下汉中。司马昭在十月份接受了朝廷加九锡、进晋公的封赏，此时剑阁还没有被攻破。也就是说，在司马昭看来，部队打到剑阁，就足以支撑自己称公，根本无需灭蜀。

> 冬十月，天子以诸侯献捷交至，乃申前命曰：……帝乃受命。
>
> ——《晋书·帝纪第二》

钟会顺利攻下汉中，司马昭顺利解锁“晋公”称号，似乎伐蜀的战略目的已经达到了，伐蜀战争也要告一段落了。但是人老心不老的邓艾先生决定玩一把大的。

偷渡阴平，是把“伐”蜀之战推进至“灭”蜀之战的一次决定性军事行动。

> 艾上言：“今贼摧折，宜遂乘之，从阴平由邪径经汉德阳亭趣涪，出剑阁西百里，去成都三百余里，奇兵冲其腹心。剑阁之守必还赴涪，则会方轨而进；剑阁之军不还，则应涪之兵寡矣。”
>
> ——《三国志·魏书·王毌诸葛邓钟传》

钟会对这个意见表示出一丝怀疑，这种惊险刺激的举动，不说异想天开吧，要想成功那至少也得有点超越凡人的能力，不过钟会是还是给予了邓艾一定的支持，象征性地调拨了一点人马。

> 会遣将军田章等从剑阁西，径出江由。
>
> ——《三国志·魏书·王毌诸葛邓钟传》

后面的故事大家就很熟悉了，六十多岁的邓艾率领孤军深入蜀地七百余里，山高谷深，无路可走时，邓艾甚至披上毛毯直接跳悬崖。

> 冬十月，艾自阴平道行无人之地七百余里，凿山通道，造作桥阁。
>
> 山高谷深，至为艰险，又粮运将匮，频於危殆。
>
> 艾以毡自裹，推转而下。将士皆攀木缘崖，鱼贯而进。
>
> ——《三国志·魏书·王毌诸葛邓钟传》

邓艾的勇气给他创造了留名青史的机会。他率领一支孤军到达江由，蜀汉江由守将投降，邓艾继续进发，到达绵竹，打败了诸葛亮的儿子诸葛瞻，然后继续向成都进发，不久，蜀汉后主刘禅在投降派谯周等人的建议下，向邓艾投降。

【谋反罗生门】

蜀国被灭震惊了许多人。

在邓艾看来，自己通过努力获得了灭国之功，是无上的功劳。因此一进入成都城，邓艾就不自觉地从方面军司令上升成了“大魏西南第一重臣”，言谈举止都透露着一股子狂妄和自大。

首先，他模仿当年东汉开国将领邓禹攻下蜀地的故事，把亡国之君刘禅封为骠骑将军，并且直接任命当地官员，完全把朝廷甚至司马昭扔在一边。

> 辄依邓禹故事，承制拜禅行骠骑将军，太子奉车、诸王驸马都尉。
>
> 蜀群司各随高下拜为王官，或领艾官属。
>
> ——《三国志·魏书·王毌诸葛邓钟传》

其次，邓艾和士兵们从来都不是手足兄弟，甲士们把邓艾当兄弟，邓艾把他们当晋升燃料。进入成都后，邓艾让人在绵竹大筑京观，彰显战功，大筑京观这种事，本身就不是名将所为，更令人愤怒的是，邓艾下令把自己同袍的尸体也塞到腐烂发臭的京观之中，只是为了让这个“功绩”看起来更大一点！

> 使于绵竹筑台以为京观，用彰战功。
>
> 士卒死事者，皆与蜀兵同共埋藏。
>
> ——《三国志·魏书·王毌诸葛邓钟传》

顺便猜一下，跟着邓艾一起跳悬崖的士兵，是不是每个人都心甘情愿？不愿意跳的，邓艾又会怎么处理呢？当初跟着邓艾屯田的是谁呢？总不会是洛阳城里的士族子弟吧？

最后，邓艾开始对最高战略指手画脚，他写信给司马昭，建议把刘禅封为“扶风王”，宣称这样可以给尚未被统一的吴国君臣做一个表率，同时建议军队由成都顺流而下，直取东吴。

以为可封禅为扶风王，锡其资财，供其左右。

文王使监军卫瓘喻艾：“事当须报，不宜辄行。”

——《三国志·魏书·王毌诸葛邓钟传》

司马昭收到消息，冷冰冰地回复他“以后做决策，一定要向上汇报”后，邓艾竟然又写了一封信，强调自己这么做是为了大魏江山。当这封自大、狂悖之信发出去的时候，钟会、胡烈，甚至是邓艾手下的司马师纂，都告发他“所作悖逆，变衅以结”。

艾重言曰：“……今吴未宾；势与蜀连，不可拘常以失事机。兵法，进不求名，退不避罪，艾虽无古人之节，终不自嫌以损于国也。”

——《三国志·魏书·王毌诸葛邓钟传》

在邓艾眼中，自己为了国家出生入死，堪称当世名将，但是在钟会眼中，就不是这样了。

在钟会看来，邓艾灭蜀这一行为有些令人玩味。

在规划中，由大将军司马昭亲自坐镇、亲自指挥、亲临一线攻下剑阁，完成灭蜀之功，才是司马昭洗白污点、坦然称帝的关键一步，才是整个司马集团最终能再上一个台阶的关键所在。而这个滔天之功最终被小小的邓艾拿下来了，大将军心里会不会高兴呢？

再说他模仿邓禹做事，把刘禅封为骠骑将军，是不是忘了邓禹跟汉光武帝刘秀什么关系？邓禹十三岁就跟光武帝一起上太学，没有邓禹，光武皇帝早就饿死在河北的冰面上了。邓禹跟皇帝的关系，是邓艾跟司马昭之间的关系能比得了吗？

> 年十三，能诵诗，受业长安。时光武亦游学京师，禹年虽幼，而见光武知非常人，遂相亲附。
>
> ——《后汉书·邓寇列传》

况且，他二人的关系压根就不亲密，邓艾从来都不是司马昭核心班底的人，甚至都不是司马师的心腹，对于司马昭来说邓艾只是父亲司马懿曾经欣赏过的一个干部。

最后，身为大将军的司马昭，为了梦寐以求的晋公之位，挣扎奋斗了许久，才刚刚顺理成章地册封，但距离王爵之位还有好远的距离。邓艾却大笔一挥，建议司马昭封刘禅为“王”，请问这个王位谁来封？如果让司马昭封，他目前还不够格；如果让朝廷来封刘禅为异姓王，那么曹魏的第一个异姓王不姓司马而姓刘，请问司马昭以后怎么篡位？

于是揣摩准司马昭心思的各方人马都动了起来：钟会、胡烈、师纂通过自己的渠道向司马昭汇报邓艾的僭越行为，要求司马昭务必有所行动；监军卫瓘则是谨慎地盯紧眼前邓艾做事，眼看邓艾在自大中走向了灭亡。

> 钟会、胡烈、师纂等皆白艾所作悖逆，变衅以结。
>
> 诏书槛车征艾。
>
> ——《三国志·魏书·王毌诸葛邓钟传》

邓艾的故事，就这样走向了尾声，而钟会的故事，则刚刚开始。

【谁在谋反？】

《三国志》说钟会早有谋反之举，比如陷害邓艾，比如结交姜维，比如拥兵自重，而司马昭微微一笑、毫不担心，一副胸有成竹的样子。

《晋书》记载却截然相反，当洛阳各方人物反复提醒司马昭，钟会可能谋反时，司马昭是不相信的，甚至还例行封赏前线将士，尤其重点封赏了钟会。十二月二十四日，邓艾进太尉，钟会进司徒，双双进入三公级别。

> 表邓艾为太尉，钟会为司徒。
>
> ——《晋书·帝纪第二》

又过了几天，邓艾上疏要伐吴，司马昭警告他不要越级决策，并且准备让卫瓘把邓艾抓了，押送京师。

同一时间，前脚刚刚把钟会送入“三公”圈子的司马昭，突然意识到了什么，决定对钟会下手，写了一封信，大意是：为了防止邓艾被抓而引发部队骚乱，我已经让贾充率领一万人入蜀帮你了，同时，我会亲自率领十万大军，坐镇长安。

会得文王书云："恐邓艾或不就征，今遣中护军贾充将步骑万人径入斜谷，屯乐城，吾自将十万屯长安，相见在近。"

——《三国志·魏书·王毌诸葛邓钟传》

钟会收到信之后大为惊骇，因为对付邓艾，派一万人足够，司马昭突然决定亲自率领十万人往西来，并且已经出发了，打击的目标很明显，就是钟会自己。

会得书，惊呼所亲语之曰："但取邓艾，相国知我能独办之；今来大重，必觉我异矣，便当速发。"

——《三国志·魏书·王毌诸葛邓钟传》

钟会算了算信寄到蜀地的时间，发现局势不容乐观，于是抓紧时间准备"叛乱"，并且最终演化成钟会联合姜维，以曹魏皇太后名义叛乱的闹剧，很快，他就被胡烈的乱军所斩杀。

会以五年正月十五日至……为太后发丧于蜀朝堂。

——《三国志·魏书·王毌诸葛邓钟传》

从钟会决定叛乱到被斩杀，前后一共三天，即十五日收到司马昭的信，十六日准备叛乱，十八日被胡烈设计捕杀。

十八日日中……众既格斩维，争赴杀会。会时年四十，将士死者数百人。

——《三国志·魏书·王丘诸葛邓钟传》

现在回头看，似乎所有人都看不出来钟会谋反的意图，但司马昭偏偏不相信、无所谓。当钟会取得灭蜀的不世之功时，司马昭非但不马上剥夺他的军权，反而还要给他加赏赐，不到四十岁的钟会就已经位列三公，食邑高达万户。

前脚刚封赏完，后脚司马昭就要亲自带队剿灭钟会，这是为什么呢？

勖曰："会虽受恩，然其性未可许以见得思义，不可不速为之备。"

帝即出镇长安。

——《晋书·荀勖传》

简单来说，司马昭在逼钟会谋反。

为什么要反复强调钟会不到四十岁就位列三公了呢？

因为对于司马昭来说，邓艾年老，不足为惧，钟会才是那个最危险的人。

钟会是顶级世家出身的高级官员；不仅在文治上成绩不菲，而且在拥有军权之后，迅速创下不世之功的士族；如此年轻就获得了侯爵，甚至位列三公的权贵。

他实在是跟司马昭的父亲司马懿太相似了，他们钟家，跟我们司马家太相似了！

不！钟会比司马懿还要可怕，司马懿升任太尉，跻身三公时，是五十六岁，这已经是自曹操时代以来最年轻的三公了，然而，此时的钟会只有三十九岁。

最重要的是，眼下的朝堂中，在司马昭身旁，竟然出现了一个如此年轻、如此大才、如此功绩的门阀权臣，司马昭的地位还能保住吗？

是不是要提前做局，消除隐患呢？

第十一章

魏讽大案：千里之外水淹七军，邺城王宫人头滚滚

公元219年，建安二十四年九月，当曹魏集团的核心地带邺城天气渐渐转凉，一场人们无法预料的清洗大案即将拉开序幕。

按照《资治通鉴》的说法，这件株连几千人的“魏讽谋反案”，正在密谋展开。

> 太子丕诛讽，连坐死者数千人，钟繇坐免官。
>
> ——《资治通鉴·汉纪六十》

【迷影重重，魏讽大案】

魏讽，一个陌生又不起眼的名字。

惜字如金的陈寿先生，在《三国志》里每次提到魏讽，从来不正面描述，而是顾左右而言他，要么说某人因为魏讽案而被杀，要么是某官员因为魏讽被罢黜，总之，对本案的关键人物魏讽，陈老先生一句话也不讲。

> 九月，相国钟繇坐西曹掾魏讽反免。
>
> ——《三国志·魏书·武帝纪》

唯一记载本案的书是《魏晋世语》。

按照《魏晋世语》的记载，公元 219 年九月，丞相西曹掾[1]魏讽与长乐卫尉陈祎纠集联合了部分党羽，密谋袭击邺城。结果，还没等动手，陈祎就害怕了，他抛弃魏讽，找到留守邺城的魏世子曹丕，将谋反一事和盘托出。

曹丕得知此事后先下手为强，将魏讽及其党羽一网打尽。

> 讽字子京，沛人，有惑众才，倾动邺都，钟繇由是辟焉。
>
> 大军未反，讽潜结徒党，又与长乐卫尉陈祎谋袭邺。
>
> 未及期，祎惧，告之太子，诛讽，坐死者数十人。
>
> ——《魏晋世语》

《资治通鉴》中基本采纳了《魏晋世语》的记载，只是被株连而死的人数不是“数十人”，而是“数千人”。

至此为止，这个虎头蛇尾的故事就结束了，乍一看，好像只是一场未遂的阴谋政变，但笔法老辣的史官只不过是给我们编织了一个堵塞众人之口的故事罢了，要是细细追究起来，此案的时间、地点、人物统统站不住脚。

---

① 自汉代以来的一个官职，主要负责相府的人事任免。汉制中，丞相、太尉的属吏会分曹治事，其中有西曹。吏员正者称为掾。

首先就是魏讽的籍贯问题：按照《魏晋世语》的说法，魏讽是曹操的老乡，也就是谯沛人士。但是晋朝的司空，太原王氏王昶把魏讽说成济阴人士。他在告诫子弟的信中，痛心疾首地把魏讽列为反面典型。

> 讽字子京，沛人。
>
> ——《魏晋世语》

> 近济阴魏讽、山阳曹伟皆以倾邪败没，荧惑当世，挟持奸慝，驱动后生。
>
> ——《诫子书》

其次，魏讽的官职也对不上，《三国志》《晋书》《博物记》《魏晋世语》《资治通鉴》都说魏讽是“西曹掾”，但《后汉纪》说魏讽是“丞相掾”，一个西曹掾，一个丞相掾，虽然都是“掾”，实际能掌握的权力和情报差了可不是一星半点。

> 九月，丞相掾魏讽谋诛曹操，发觉伏诛。
>
> ——《后汉纪·孝献皇帝纪》

另外，此案爆发的时间、地点、人物，也都存在问题。

史官说魏讽在建安二十四年九月邺城发动密谋，他联系的叛党是陈祎。然而，建安二十四年九月的陈祎，压根就不在邺城，而是在三百公里外的许都。

原来当初曹操自己开辟霸府之后，为了把自己的班底和名义上的大汉朝廷分离开来，把汉天子安排在了许都，自己则待在邺城，形成了两套班子。陈祎此时正在许都的长乐宫担任长乐卫尉一职。

> 其中长信、长乐宫者，置少府一人，职如长秋。
> 长乐又有卫尉……在少府上。
>
> ——《后汉书·百官志四》

其实这里还有一点不对劲的，那就是陈祎的身份，就算陈祎的资料全部被删除，我们也能找出蛛丝马迹来，比如按照《后汉书》的记载，汉献帝被限制在许都之后，曹操为了有效控制他，派遣的全都是曹家的勋贵子弟担任许都和献帝的守卫。

> 自帝都许，守位而已，宿卫兵侍，莫非曹氏党旧姻戚。
>
> ——《后汉书·皇后纪第十下》

也就是说，这个陈祎很有可能是曹家的亲戚，至少也是曹氏集团的圈内人。

【荆州的三个月与三十年】

既然魏讽是官品不高、又无兵权的文官，谋反的过程也是漏洞百出，那我们不得不看看他的那些所谓的同党都是何方神圣了。如果留心观察受魏讽案株连致死的重量级人物，就能找到他们身上的一个共同特点。

这些被杀的人分别是：建安七子之一王粲的两个儿子；发动偷袭致使曹操大败的张绣的儿子张泉；南阳名士刘廙的弟弟刘伟；汉末大儒宋忠父子俩。

猛地一看，这些伏诛的人，全是没有实权的小年轻。

但实际上，史官在此处暗暗埋下了伏笔，这些小年轻的秘密，其实都藏在他们的父辈身上：王粲、刘廙、张绣、宋忠四个人，全都出身于荆州！

三十年前，东汉初平元年，公元190年，汉室宗亲、大将军掾、北军中侯刘表先生，匿名赴荆州，单马入宜城，通过笼络地方豪强，三下五除二拿下荆州八郡，从此开始了在襄阳城割据一方、坐观成败的二十年。

> 表初到，单马入宜城…荆州八郡可传檄而定……江南遂悉平。
>
> ——《司马彪战略》

刘表在荆州的二十多年，有许多人曾依附于他，其中本案被杀的几个小年轻的父亲们，王粲、张绣、刘伟、宋忠这四人，都曾依附荆州牧刘表。

王粲在刘表集团的地位颇高，甚至在刘表死后能劝说刘表之子刘琮投降曹操，话语权不可谓不重。

> 粲劝表子琮，令归太祖。
>
> ——《三国志·魏书·王卫二刘傅传》

其次是张绣，张绣在荆州时，曾经多次助力刘表作战，曹魏阵营的智囊之一荀攸甚至直接说出了“张绣的部队是由刘表养活”这种论断。

> 攸言于太祖曰：“绣与刘表相恃为强，然绣以游军仰食于表，表不能供也，势必离。不如缓军以待之，可诱而致也；若急之，其势必相救。”
>
> ——《三国志·魏书·荀彧荀攸贾诩传》

然后是刘伟，刘伟的哥哥刘廙在荆州时，刘表将其征辟为高级从事，刘廙至少也是刘表集团的中层干部。

> 廙兄望之，有名于世，荆州牧刘表辟为从事。
>
> ——《三国志·魏书·王卫二刘傅传》

最后一个宋忠，他是刘表在荆州逐渐安定下来之后，主抓荆州地区教育的官员之一，被刘表征辟为五业从事[①]。

> 表乃开立学官，博求儒士，使綦毋闿、宋忠等撰《五

① 主要负责五经（即《易》《书》《诗》《礼》《春秋》）的教授等事务。

经章句》，谓之《后定》。

——《三国志·魏书·董二袁刘传》

裴松之注引王粲《英雄记》

由此我们应该清楚了，这些被杀的小年轻，全都是荆州士人子弟，为了方便叙述，暂且把他们称为“荆二代”。

在以往的三十年中，荆州发生了很多变化，迎来了很多主人，送走了很多势力。但在最近的三个月中，荆州地区发生了完全不亚于过去三十年那样惊天动地、骇人听闻的变化，那就是关羽水淹七军！

秋，大霖雨，汉水汎溢，禁所督七军皆没。

——《三国志·蜀书·关张马黄赵传》

【曹魏事业低迷期】

魏讽案放在风云突变的建安二十四年，似乎显得并不起眼。

这一年的前半截，曹魏的南部战场，遭遇了来自刘备方面的强烈进攻，曹魏的军事局面急转直下：

正月，曹魏征西将军夏侯渊被黄忠斩杀；

三月，曹操亲自率军前往，刘备据险防守；

五月，打了两年的汉中之战，最终在曹操亲征无果的情况下基本宣告失败；

六月，刘备派遣孟达，从秭归攻占曹魏的上庸三郡；

七月，刘备正式解锁王爵，称汉中王；

八月，曹魏的立义将军庞德被关羽斩杀，左将军于禁被关羽生擒，史称“威震华夏”；

九月，曹魏核心地带邺城爆发魏讽大案，数十名“荆二代”牵连此案被杀；

到了十月，自许都以南的广大地区，梁、郏、陆浑等地的百姓如孙狼等人，纷纷斩杀本地守将，接受关羽授予的印信，遥相归附，意图与关羽军形成合力。

> 梁、郏、陆浑群盗或遥受羽印号，为之支党。
>
> ——《三国志·蜀书·关张马黄赵传》

这已经不是曹魏的第一次危机了。

从建安十八年五月开始，短短几年间，曹操一步一个脚印地谋求代汉，已经从称魏公、称魏王，到“设天子旌旗、出警入跸”，曹家距离取代大汉只剩下一步之遥。

> 夏四月，天子命王设天子旌旗，出入称警跸。
>
> ——《三国志·魏书·武帝纪》

但大汉四百年基业，怎么能这么容易就被篡夺呢？因此，一部分心向汉室的人开始了绝地反击。早在魏讽案爆发的一年前，许都首先爆发了“耿纪、韦晃谋反案”。

建安二十三年，侍中耿纪、太医令吉本、司直韦晃、金祎等人趁着曹操在邺城短暂停留的时机，集合仆人家丁一千多人，放火焚烧留守许都的二号人物——丞相长史王必的府邸，然后试图救出汉献帝南下，与南面关羽的军事行动形成统一步调，给曹魏的心脏地带致命一击。

> 京兆金祎睹汉祚将移，乃与少府耿纪、司直韦晃、太医令吉本、本子邈、邈弟穆等谋杀必，挟天子以攻魏，南引关羽为援。
>
> ——《资治通鉴·汉纪六十》

耿纪、韦晃的行动让曹操惊惧交加，尤其当曹操听闻王必重伤不治身亡时，恐慌和愤怒令他几乎失去理智，他将留守许都的汉朝大臣全部押送到邺城，以“事发当晚没有去王必府上救火”为名，将汉朝的诸大臣尽数屠杀。

> 王闻王必死，盛怒，召汉百官诣邺，令救火者左，不救火者右……皆杀之。
>
> ——《山阳公载记》

如今，一场几乎与耿纪、韦晃谋反案一模一样的魏讽案，爆发于曹魏政权的核心地带，尤其是该案件的参与者们，几乎都是荆二代，又与关羽在荆州的军事行动有着千丝万缕的联系，这就很难不让人浮想联翩：难道魏讽等人发动政变，是在与关羽里应外合？

然而，对于坐镇邺城的魏世子曹丕来说，真实情况远比眼前见到的要吓人，因为此次叛乱除了能见到蜀汉军队方面二号人物关羽，在这些“反贼”复杂的人脉关系下，他竟然隐隐地看到了刘备、诸葛亮的影子。

比如，事后被杀的刘伟，他哥哥刘廙除了在荆州担任刘表的高级从事，还是司马徽的学生，这个司马徽曾经向刘备推荐了一个在南阳草庐中等待时机的年轻人——诸葛亮。

显然，刘廙兄弟早年间与诸葛亮一定有来往。

> 刘备访世事于司马德操。
>
> 备问为谁，曰：“诸葛孔明、庞士元也。”
>
> ——《襄阳记》

由此，这场未能成功的谋反大案似乎有了答案：

当关羽在荆州方面对曹魏“大打出手”的关键时刻，蜀汉一方面通过关羽的军事行动持续向曹魏施压；另一方面通过情报战线策反了曹魏内部的某些势力，计划在曹魏集团内部发动政变，配合关羽打出致命一击。魏讽正是计划中的一环。

除了被杀的四个名流，这场大案也在曹魏集团内部引发了一场大地震，丞相钟繇因为是魏讽的上司被免职。

> 九月，相国钟繇坐西曹掾魏讽反免。
>
> ——《三国志·魏书·武帝纪》

多年以后，因忠心于大魏而发动叛乱的文钦，也就是文鸯的父亲，此时因与魏讽“辞语相连”，被关入监狱，差点被活活打死，幸亏曹操亲自出面，才保下一条命。

魏讽反，钦坐与讽辞语相连，及下狱，掠笞数百，当死，太祖以稷故赦之。

——《魏书》

中尉杨俊因为办事不力，没能提前发现魏讽的阴谋，被下放到地方任职，贬谪为平原太守。

魏讽等谋反，中尉杨俊左迁。

——《三国志·魏书·崔毛徐何邢鲍司马传》

可见，这场名不见经传的所谓魏讽案，实际上对曹魏和蜀汉双方都有异常重大的意义，尤其是曹魏方面，荆州士人从此在曹魏集团的话语权一落千丈，而颍川士族从此成为魏国政权中最核心的梯队。

到这里，这场迷雾重重的魏讽案就基本上被我们扒明白了，不过，在文章的最后，还是要奉上一个阴暗小故事。而且，既然是阴暗小故事，那就一定要足够暗黑，要让大家感到寒冷，所以，我们去看看另一个暗黑版本的魏讽案：

其实，建安二十四年的邺城，从来就没发生过什么魏讽谋反。

邺城九月的某天晚上，曹魏的勋贵子弟，时任汉献帝长乐宫守备团长的陈祎，找到了魏王世子曹丕，空口白牙、毫无凭据地污蔑魏讽及部分荆州士人谋反。

曹丕心领神会，借着魏王不在都城而自己全权监国的契机，果断狠辣地先下手为强，十分精准地将部分具有荆州背景的“隐患人士”全部杀戮。

由于曹丕的打击面过大，以至于事后令曹操都有些不满，他责备曹丕杀了王粲的两个儿子，感慨地说“如果那时我在邺城，一定不会让王粲断后”，并且赶紧出面给司法部门打招呼，留下了文钦一命。

> 太祖时征汉中，闻粲子死，叹曰：“孤若在，不使仲宣无后。”
>
> ——《文章志》

那么，曹丕为什么要炮制出这样一场人头滚滚的大案呢？

我们猜测，除了要肃清与关羽和荆州有关系的荆州士人，曹丕更主要的目的，是打击弟弟曹植的势力。

比如，那个被贬谪到平原当太守的杨俊，在曹丕称帝后没多久，就以平原县的“市场上不热闹”为由，被曹丕下令捉拿入狱，最终被逼自杀。

> 黄初三年，车驾至宛，以市不丰乐，发怒收俊。
>
> ——《三国志·魏书·和常杨杜赵裴传》

这个杨俊曾经是曹植的党羽。杨俊被贬谪的当月，还有另外一个大新闻，那就是曹植的另外一个重要骨干杨脩被曹操斩杀。

二十四年秋，公以脩前后漏泄言教，交关诸侯，乃收杀之。

——《典略》

至于那个被就地免官的钟繇，他除了是大书法家，还是跟灵帝、董卓、袁绍、曹操都交过手的三朝老臣，而且跟曹丕的私交甚好，两人经常互相作诗作文夸赞对方。

文帝在东宫，赐繇五熟釜，为之铭曰：于赫有魏，作汉藩辅。厥相惟钟，实干心膂。

——《三国志·魏书·钟繇华歆王朗传》

魏讽案中，钟繇虽然被免职，然而曹丕嗣位之后，旋即再次起用了钟繇。钟繇在曹丕一朝，先后担任主管司法审判的最高长官——大理，最后做到了帝国官位的最高处，任三公之一的太尉。

文帝即王位，复为大理。

及践阼，改为廷尉，进封崇高乡侯。

迁太尉，转封平阳乡侯。

——《三国志·魏书·钟繇华歆王朗传》

也许当年钟繇因魏讽案而被免官，无非是配合曹氏父子演的一场双簧罢了。钟繇本人是颍川士人的领袖之一，当然也有动力和意愿配合曹丕对荆州势力开展大清洗。

> 钟繇字元常，颍川长社人也。
>
> ——《三国志·魏书·钟繇华歆王朗传》

至此为止，我们看到的是另一个面目的魏讽案：曹丕制造了一场子虚乌有的冤案，既清除了内部的异见分子，又打击了弟弟曹植的旧势力，既能让曹丕和颍川士族独揽大权，又能为将来代汉自立、登基称帝做铺垫，何乐而不为呢?

当然了，荆州士人和曹植党的人对此可能会有一些比较激烈的意见。

最后的最后，我得告诉大家，这个阴暗小故事是我的胡乱编造，毫无根据，如有雷同，纯属巧合。

第十二章

浮华大案：是谁试图悄悄攫取皇帝的人事任命权？

旋乾转坤的帝王只是随手一击，对于他们来说，无异于一场风暴。曹叡在世时，对于参与浮华大案的二代子弟一律一撸到底，罢官免职，且剥夺政治权利终生，永不录用。

【孔融旧事】

我们之前曾经说过，孔融先生因为嘴臭，天天针对曹操和曹家发表批评意见，最终在建安十三年逼得曹操重拳出击，直接灭了孔融满门。

比如，曹操想要北伐乌丸，孔融以“海内萧条”的名义，阴阳怪气地说曹操：“你也可以考虑一下把肃慎和丁零一并收复了。”

> 后操讨乌桓，又嘲之曰：“大将军远征，萧条海外。昔肃慎不贡楛矢，丁零盗苏武牛羊，可并案也。”
>
> ——《后汉书·郑孔荀列传》

肃慎和丁零是鲜卑人都不愿意去占领的地方，孔融这意思就是，你曹操既然要兴师动众、劳民伤财、穷兵黩武地征讨辽北地区，那我建议不如玩一把大的。

再比如，连年征战导致粮食减产，曹操为了省粮，下了一道禁酒令。这下又捅了马蜂窝，孔融再次开启“特约评论员”模式，反复上表争论这件事，而且史书明确记载了，孔融多“侮谩之辞”。

时，年饥兵兴，操表制酒禁，融频书争之，多侮慢之辞。

——《后汉书·郑孔荀列传》

怎么个侮谩呢？他给曹操说：“尧帝喝酒，千杯不倒；孔圣喝酒，百杯不醉；刘邦如果不是酒醉后斩白蛇，怎么起事建立大汉？樊哙不喝酒吃生肉，怎么在鸿门宴上怒斥项羽？人家夏商二朝因为女色亡国，也没见禁止婚姻。”

酒之为德久矣。古先哲王，祭帝禋宗，和神定人，以济万国，非酒莫以也。故天垂酒星之曜，地列酒泉之郡，人著旨酒之德。尧不千钟，无以建太平；孔非百觚，无以堪上圣；樊哙解厄鸿门，非豕肩钟酒无以奋其怒；赵之厮养，东迎其王，非引卮酒无以激其气。高祖非醉斩白蛇，无以畅其灵；景帝非醉幸唐姬，无以开中兴。袁盎非醇醪之力，无以脱其命；定国非酣饮一斛，无以决其法。故郦生以高阳酒徒，著功于汉；屈原不铺糟歠醨，取困于楚。由是观之，酒何负于政哉！

昨承训答，陈二代之祸，及众人之败，以酒亡者，实如来诲。虽然，徐偃王行仁义而亡，今令不绝仁义；燕哙以让失社稷，今令不禁谦退；鲁因儒而损，今令不弃文学；夏、商亦以妇人失天下，今令不断婚姻。而将酒独急者，疑但惜谷耳，非以亡王为戒也。

——《难曹公表制禁酒书》

通过这两件事我们就能看出，孔融根本不是在针对国政发表看法，他就是单纯对曹操本人有意见。

但身为孔子二十世孙，汉末名士，北海国相，孔融这种打嘴仗的事情，曹操完全可以选择不听不看，犯不着下如此死手，灭人满门。那孔融到底为什么就是不放过曹操呢？或者说，真正让孔融灭门的原因是什么呢？

这个原因可以有很多名字，例如路线之争、政见之争、人事之争，但归根结底，是权力之争。

孔融的政治诉求很简单，只有一个，那就是兴复汉室，曹操还政于汉献帝；而曹操的态度也很简单，不给。

本质上，孔融和曹操是水火不容的政敌。孔融在利用自己孔圣后嗣、大汉旧臣和士人领袖的身份，凭借自己在士大夫阶层的声望和影响力，拉拢一批反对曹操的官僚士族，并通过密集的发声和批判，削弱曹操掌权的合法性。

不过，美好的政治理想在绝对权力面前，都是空谈，都将遭受严厉的打击。这一点孔融当然很清楚，不过他仍然要发声，他知道，如果自己也不说，屈服于曹操威势下的其他人更不会说，到那时，建安朝廷就是曹丞相一人的朝廷了。

所谓大汉养士四百年，仗义死节，只在当下。

> 国家养士百五十年，仗义死节，正在今日！
>
> ——明·杨慎

不久后，有关部门向朝廷上奏，举报孔融犯下“招合徒众”“欲图不轨”“谤讪朝廷”“不遵超仪”等罪名。随后，朝廷迅速办案，建安十三年，公元208年，八月二十九日，孔融被处死，并株连全家，时年五十六岁。

在杀人之前，曹操也曾写文章回复过孔融，他说：“我虽然德才平平，但杀一两个‘浮华交会之徒’，还是有这个本事的。”

> 孤与文举既非旧好……孤为人臣，进不能风化海内，退不能建德和人，然抚养战士，杀身为国，破浮华交会之徒，计有余矣。
>
> ——《为曹公与孔融书》

“浮华”这个词，终于被安在了孔融身上，走到我们视野中来。

【曹丕和他的小伙伴】

孔融事件虽然激起了一番波澜，但大汉的气数每况愈下。有的人逐渐死去，有的人获得新生。

孔融被杀这年，我们故事的主人公何晏才十多岁，他原本是东汉大将军何进的孙子，因为母亲被曹操纳为侍妾，他也被一起接进了宫里，成为曹操的养子。

晏，何进孙也。

母尹氏，为太祖夫人。

——《三国志·魏书·诸夏侯曹传》

转眼二十年过去了，到了太和年间。大汉已经换成了大魏，皇帝也由汉献帝换成了魏文帝曹丕，后来又换成了魏明帝曹叡。当初被曹操视作亲儿子的何晏，也到了而立之年，不过，他的政治前途没有想象中那么美好。

当初，根据曹操的遗嘱，何晏娶了曹操的女儿金乡公主，成了曹魏的驸马爷。按理来说这是个不错的政治身份，但到了太和年间，何晏除了迎娶公主外几乎一事无成，这又是为什么呢？

故黄初时无所事任。

——《魏略》

其实，原因也很简单，因为何晏先生得罪人了，得罪的人也没有太多，就两个，一个文皇帝曹丕，一个明皇帝曹叡。

何晏跟曹丕的矛盾，起源于成长过程中的种种龃龉。

何晏小时候和曹丕一起长大，两人同在宫中，虽然何晏不是曹操的亲儿子，但他“少以才秀知名”，非常聪明，曹操十分喜爱。而且何晏此人非常高调，明明是养子，却比亲儿子曹丕还要“无所忌惮”，再加上何晏本身长得就非常好看，以至于当时有一个词叫作“傅粉何郎”，就是说何晏皮肤很白，面庞俊美，后来专门用来形容帅哥。

> 而晏无所顾惮。
>
> ——《魏略》

长得好看、头脑聪明，让一心讨父亲欢心的曹丕羡慕坏了。不过最让曹丕生气的，还是待遇问题。

何晏和曹丕二人年纪相仿，因此在吃穿用度方面，朝廷的供给几乎都是一样的。当时，另一个孩子秦朗也跟他们生活在一起，但是秦朗就特别“讲政治”，态度非常端正，对曹丕从来都是毕恭毕敬，什么事都顺着他，自觉低人一等。

> 其时秦宜禄儿阿苏亦随母在公家，并见宠如公子。苏即朗也。苏性谨慎。
>
> ——《魏略》

但何晏从来没把曹丕当回事，仗着自己是大将军的后裔，加上有曹操的喜爱，他天天优哉游哉、我行我素，穿得比曹丕好看，吃得比曹丕精致，为人比曹丕不羁洒脱，以至于曹丕还没登上王位时，就对何晏极度厌恶，经常叫他“假子”来恶心人。

> 晏无所顾惮，服饰拟于太子，故文帝特憎之，每不呼其姓字，尝谓之为“假子”。
>
> ——《魏略》

因为跟尊贵的文皇帝陛下从小关系就不好，所以整个文帝一朝，何晏在政治上也没有啥进步，一直到明帝曹叡的太和年间，何晏的头衔仍是“驸马骑都尉”。

> 及明帝立，颇为冗官。
>
> ——《魏略》

驸马骑都尉并不是实职，只是迎娶公主之后加封的驸马称号。换言之，少年成名、才情贯世的何晏，一晃三十多年，连个正经“编制”都没混上。

不过吧，大家也别太担心。要是换成别人，可能就认栽了，但这可是何晏，他最大的优点就是聪明！

何晏认为你不给我官做无所谓，我可以自己想办法去搞。

【高干子弟】

曹魏太和年间，京城洛阳逐渐兴起了一种潮流。

一堆贵公子自发地联合起来，隔三差五聚在一起，互相品评交游，探讨时事政治、宇宙人生以及刚刚兴起没多久的玄学。

这帮曹魏的青年才俊，各个来头响亮。

带头的人，是我们刚才说的大汉大将军何进之孙、大魏武皇帝曹操的养子何晏，此外，领军人物还有夏侯玄，他更是天潢贵胄了，是曹魏征南大将军夏侯尚之子，大将军曹真的外甥。

然后是诸葛诞，他不仅是诸葛亮的族弟，而且还在二十年后做到了曹魏征东大将军，并在淮南三叛中派遣文鸯打爆了司马师的眼睛。

接着是荀粲，这个更不用说了，他父亲是荀彧，天下闻名的“荀令君”，曹操的尚书令。然后是丁谧，他是曹操起兵时的老乡丁斐的儿子，其父曾救过曹操的命。

此外还有刘熙，中书令刘放的儿子；孙密，中书监孙资的儿子；

卫烈，吏部尚书卫臻的儿子；刘陶，汉室后裔、大鸿胪刘晔的儿子；

李胜，钜鹿太守李休的儿子。

此外还有毕轨，其父毕子礼为典农校尉，此时他正在做黄门郎；

邓飏，从小就“名于京师”，此时的职务是中书郎；李丰，父亲是卫尉李义，此时他在做给事中。

虽然这群人的父亲们的官职都已经到了大将军、大鸿胪、尚书令、卫尉、太守的级别，他们自己的职位也都是中书郎、黄门郎、给事中等等，但是这些勋贵子弟还是纷纷表示：进步有点慢了。

那么，怎样才能进步快一点，早点为大魏“分忧”呢?

自东汉以来，人物评价就成了一个人能不能在政治上有所发展的重要指标，堪称封建时代的“口碑营销”，那些名噪一时的大人物，大多身上有一两句非常拉风的评价。

比如，历任太仆、太常、司空、太尉的东汉杨震，也就是杨脩的祖辈，就有评语叫作“关西孔子”，意思是说，关西地区的杨震，他的学问和道德水平已经达到了孔圣人的高度。

关西孔子杨伯起。

——《后汉书·杨震传》

再比如东汉时期，带着太学生夜闯皇帝寝宫、意图诛杀宦官的太傅陈蕃，他与窦武、刘淑合称为“三君”，号称“一世之宗”，意思是此三人为当时一代人所尊崇的宗师。

以窦武、陈蕃、刘淑为三君，君者，言一世之所宗也。

——《资治通鉴·汉纪四十八》

当然，最典型的还是“曹老板”，他年轻时，就连哄带吓地让许劭给了他“治世能臣，乱世枭雄”的评语，这个金字招牌一亮，曹老板招贤纳士都硬气多了。

尝问许子将：“我何如人？”子将不答。

固问之，子将曰：“子治世之能臣，乱世之奸雄。”

太祖大笑。

——《三国志·魏书·武帝纪》

所以说，如果有一种办法，能让这些官家子弟获得无与伦比的评价，那进步起来不就顺利多了？

恰好在此时，一种崭新的“贵族社交”出现在了帝都洛阳。

【浮华案始末】

太和年间，来自首都和地方的贵公子们自发地凑在一起，定期集会，讨论社会焦点和学术问题。

表面上看，他们有着年轻人特有的躁动，对时下的政局感到不满，总觉得朝堂之上都是因循守旧的老家伙，自认为满腹才华无处施展，满怀激情地嚷嚷着要革新大魏的面貌。

不过，局限于浅薄的政治经验，他们提出的改革设想往往都很天真，甚至很幼稚。可毕竟都是权贵子弟嘛，他们小范围内对朝廷口无遮拦的“吐槽”和挑衅，都被当作是年轻人的意气之举，在家族的运作之下，都一笑了之了。

但这样的说辞和把戏，骗得过别人，骗不了自东汉末年以来被反复大清洗而存活下来的曹魏中央官员，更骗不了“沉毅断识”的明帝曹叡。

在曹叡的眼中，这群勋贵子弟聚会的实质，就是“阴谋夺权”。他们所谓的饮酒赋诗，无非是挂羊头卖狗肉，借风雅之名行享乐之实，既浪费物质，又败坏精神。

而他们的学术探讨，更像是对朝廷政策的指责和批判，凡是朝廷认可的，他们都无脑反对；凡是朝廷不认可的，他们又像当年孔融一样，东拉西扯地吹捧起来。

> 毁坏风俗，侵欲滋甚。
>
> ——《三国志·魏书·程郭董刘蒋刘传》

最可恨的还是人物品评，某些浮华子弟，比如何晏，他借助给人“品评”的机会，掌握了人才评定的话语权，试图形成一种“即便你才高八斗，但如果没有经过我们团体的‘品评’，你就是个无能之人，就不可能当官”的舆论事实。

> 其毁教乱治，败俗伤化也。
>
> ——《三国志·魏书·程郭董刘蒋刘传》

这让曹叡怒不可遏，合着大魏的干部人事任命权，不在中央，倒在你们这群小衙内手里了。

试想，曹叡眼见洛阳城里全是这种“私下结盟”“圈子文化”“操纵舆论”的官二代，心里烦不烦？

事实上，明帝曹叡曾经多次下诏申斥这种“浮华”行为，要求青年士人老老实实读书做官，一步一个脚印，不要妄想着一步登天。但是他们始终把皇帝的警告当作耳旁风，甚至借着探讨玄学的名义，更加疯狂地离经叛道、满嘴跑火车，意思是：我们知识分子之间交游交友、讨论学术，朝廷用不着上纲上线吧？

曹叡作为历史上有名的小气君主，跟他爹曹丕在“刻薄”上可谓惊人相似，经常因为一些小事就杖杀宫廷下人。

> 明帝喜发举，数有以轻微而致大辟者。
>
> ——《魏略》

浮华子弟们很快就会知道，不听皇帝劝告的下场是怎样的了。

公元232年，太和六年，司徒董昭上书请求彻查“浮华”一事。

在奏疏中，董昭一条一条地列举了“浮华子弟”的罪状，诸如不好好读书，满世界晃荡着去“交游”；不专心修养“孝悌清修”，反而天天找大官、攀关系；把自己这个小圈子的褒贬当成给人定性的武器；谁赞同他们，他们就支持谁，谁不赞同他们，他们就宣称那人有罪、无能；用金银财宝开路，派仆人、门客到皇宫来，专门找人刺探消息、收集情报。

窃见当今年少，不复以学问为本，专更以交游为业；国士不以孝悌清修为首，乃以趋势游利为先。台党连群，互相褒叹，以毁訾为罚戮，用党誉为爵赏，附己者则叹之盈言，不附者则为作瑕衅。至乃相谓：“今世何忧不度邪，但求人道不勤，罗之不博耳；又何患其不知己矣，但当吞之以药而柔调耳。”又闻或有使奴客名作在职家人，冒之出入，往来禁奥，交通书疏，有所探问。

——《三国志·魏书·程郭董刘蒋刘传》

魏明帝对董昭的奏报迅速作出反应，下诏要求严办浮华案，尤其是对带头的这几个人，更是不能放过。

帝于是发切诏，斥免诸葛诞、邓飏等。

——《三国志·魏书·程郭董刘蒋刘传》

要不是考虑到这些人背后的政治能量，心性刻薄的曹叡恐怕早就把他们全部杀头了。最终，朝廷抓了十五个典型判定为浮华名士的领头人，将他们全部罢黜职务，并且“禁锢终身”，永远不许参与朝政。

> 是时，当世俊士散骑常侍夏侯玄、尚书诸葛诞、邓飏之徒，共相题表……凡十五人。
>
> ——《魏晋世语》

这些名噪一时的“大师”，就这样灰溜溜地离开了官场，离开了主流舞台。

不仅如此，皇帝曹叡始终对浮华子弟们保持着高度警惕。青龙四年，卢毓出任吏部尚书，主管干部人事工作，曹叡仍下诏提醒他抵制浮华分子，千万别选那些“有名”的人。

> 帝深疾浮华之士，诏吏部尚书卢毓曰：“选举莫取有名，名如画地作饼，不可啖也。”
>
> ——《资治通鉴·魏纪五》

曹叡甚至还下令，让刘劭起草了一部《考课法》，专门用以遏制“浮华交会”的潜在威胁。

但很可惜，《考课法》颁布后仅一年，曹叡便因病去世，随着他个人生命的结束，抵制“浮华交会”的政策全部夭折了。

239 年，曹叡去世后，那些被终身禁锢的，诸如何晏、夏侯玄、邓飏、丁谧、李胜等人摇身一变，又靠着祖辈、父辈的权势走向台前，纷纷做起了大官。本来被吏部尚书严防死守的何晏，成了后来的吏部尚书，掌管全国的人事任命。

晏为尚书，主选举，其宿与之有旧者，多被拔擢。

——《魏略》

而那些所谓的浮华子弟，又陷入更为剧烈的政治斗争，他们有的投靠曹爽，有的投靠司马懿，并掀起了一场名为“正始党争”的疯狂内斗。

这之后的大魏，国将不国，朝政败坏，江山倾覆。

【看不见的老朋友】

浮华案爆发的时候，朝廷揪出来十五个人作为典型，而在相关的史料中，翻来翻去，最多只能找到十二个人，那么剩下的三个人在哪里呢？

风过留声，雁过留痕。浮华案的涉事者可不是一般意义上的官员，这场震动皇帝、波及范围广、延续时间长、涉案人员多的政治大案，理应被记录得十分详细。

而且，浮华团体的头目们宣称他们是“四聪”，四聪理应是四个人物，却只有何晏、诸葛诞、夏侯玄三个人较为突出，因此，必然有一人被隐藏了起来。

以玄、畴四人为四聪，诞、备八人为八达。

——《魏晋世语》

太和年间的浮华大案牵扯如此之广，以至于后面在正始党争和淮南三叛中打得火热的那些人大多有介入，但偏偏就是见不到司马家的人物参与。难道是司马氏的子弟那么洁身自好，与浮华团体划清了界限？

说到这，大家就应该明白了，那个被隐藏身份的浮华子弟，就是司马氏年轻一代的领头人物——司马师。

比如，浮华名士们普遍有互相标榜的风气。何晏就专门对包含自己在内的三个人给出了极高的评价，他评价夏侯玄是“能通天下之志”；评价自己是“不疾而速，不行而至”；评价司马师是“能成天下之务”。

> 晏常称曰：惟几也能成天下之务，司马子元是也。
>
> ——《晋书·景帝纪》

在出身上，何晏的养父是魏武王曹操，夏侯玄的父亲是征南大将军，司马师的父亲司马懿也是朝中重臣，在太和年间，三人的家世高度一致，都是曹魏政权中举足轻重的人物。

> （司马师）少流美誉，与夏侯玄、何晏齐名。
>
> ——《晋书·景帝纪》

可见，不论是何晏、司马师的个人私交还是彼此之间的家庭背景，司马师年轻时，大概率是何晏小圈子里的人。

不过，司马师是何晏的密友这一事实，并不能证明司马师一定参与了浮华案。但好巧不巧，史官在《魏氏春秋》里记了一笔，说夏侯玄、何晏年轻时，盛名一时，司马师也深度参与。

初，夏侯玄、何晏等名盛于时，司马景王亦预焉。

——《魏氏春秋》

这下好了，《魏氏春秋》记载了何晏、夏侯玄、司马师三个人年轻时一起“盛名在外”。

最后一个证据，是司马师诡异的当官时间。

魏晋时期，一般的官宦子弟大约都在二十岁左右参加工作，工作的起点大都是散骑常侍、黄门郎、中书侍郎。如果家族的权势足够大，例如太傅钟繇的长子钟毓，那么十四岁就出来当官也不是不可能。

年十四，为散骑侍郎，机捷谈笑，有父风。

——《魏书·钟繇华歆王朗传》

司马师却到了“魏景初中”才“拜散骑常侍”。景初三年是239年，此时的司马师已经三十二岁了，后面同样做权臣的桓温，三十三岁已经都督长江上游六州诸军事，而三十二岁的司马师才刚刚进入官场。

魏景初中，拜散骑常侍。

——《晋书·景帝纪》

而且，司马师出来做官的时间是景初三年，景初三年年初，就是对浮华子弟深恶痛绝的魏明帝去世的时间。也就是说，前脚明帝刚刚去世，后脚司马师就出仕做官。

魏明帝末年，司马懿刚刚替大魏平定了辽东，司马家如日中天，而且司马懿还是曹叡亲自指定的顾命大臣，可谓备受信任。如果司马师没有犯错，魏明帝根本没必要故意打压司马懿的长子。

> 吾疾甚，以后事属君，君其与爽辅少子。
>
> ——《三国志·魏书·明帝纪》

唯一的解释就是，曹叡对浮华团体的打击刚好包括司马师。

因此我们可以得出结论：司马师也是浮华团体中的重要人物，只不过这段过往在史官笔下被刻意隐瞒了。

再来捋一捋浮华大案之后的故事。

公元 230 年前后，大魏太和年间，有一群贵胄子弟凑在一起参与浮华团体，被魏明帝严厉打击，禁止出仕；

公元 239 年，大魏正始初年，他们逐渐被解除了禁锢，纷纷当上了官；

公元 239 年——249 年，大魏正始年中，他们逐渐分化成了两个阵营，一方依附于曹爽，一方依附于司马懿；

公元 249 年，大魏正始末年，司马懿发动高平陵之变，事实上篡夺了曹魏江山，浮华案的领袖之一何晏死于司马氏之手，被夷三族；

公元254年，嘉平六年，因无法容忍司马氏的窃国行径，浮华案的领袖之一夏侯玄联合当年浮华团体的其他子弟如李丰等人，密谋废掉司马师。

结果司马师将大舅哥夏侯玄全家夷三族，李丰被司马师用刀环活活砸死。

> 师怒，以刀镮筑杀之。
>
> 庚戌，诛韬、玄、缉、铄、敦、贤，皆夷三族。
>
> ——《资治通鉴·魏纪八》

公元258年，甘露三年，曹魏征东大将军诸葛诞为保卫大魏不被司马氏颠覆，毅然发动淮南三叛。

在战争中，司马师被惊吓到眼珠迸裂，不久后病逝。战争结束时，另一个浮华团体的领袖诸葛诞兵败被杀。

至此，当初参与浮华案的年轻人们，都消失在了历史的长河里。

二十岁时，浮华子弟们悠游交友，饮酒赋诗，五十岁时，昔日的朋友们在战场上、在皇宫里用最惨烈方式厮杀。恩恩怨怨三十年，归于沉寂。也许他们也会怀念那段无忧无虑、高谈阔论的青春岁月吧。

第十三章

卖官鬻爵：桓灵二帝在『卖官』上玩出了什么花样？

如果国家遭遇了几十年一遇的灾害，或者要打仗了军费不够，又或者皇帝只是想过一把当商人的瘾，那么就可以开展一场卖官鬻爵运动。

但是买卖官职也是要讲究方法的，如果不顾一切地蛮干，那就很有可能喜提“谏臣”的当场怒斥。东汉末年，桓灵二帝为我们组织了一场非常“精彩”的卖官运动。

牢记下面几个原则，可以更好地买卖官爵。

第一、金融化的付款方式。

在汉初，爵位一级两千钱，共三十级，全部买完合计六万钱。六万钱并不是一个小数目，相当于一个基层干部六百个月的工资，突然间让人拿出这么多钱，确实有困难，怎么办?

大汉政府贴心地提供了差异化的付款方式和金融工具。

首先，如果有财力，可以选择全款买官，这样便能一步到位、直接上任。

如果钱不够，那就可以选择先交首付，上任之后再慢慢还款。例如汉灵帝就规定，有钱的，一次交齐就可以走马上任；暂时拿不出钱的，先交一半钱为首付，上任之后再还剩下的钱。但是请注意，由于提前享受了权益，所以剩下一半未交的钱，要征收高额利息，也就是需要在未来加倍偿还，即“倍输”。

富者则先入钱，贫者到官然后倍输。

——《资治通鉴·汉纪四十九》

另外需要补充说明的是，大汉朝廷卖官绝不是刻板僵硬的，而是随着现实条件动态变化的。比方说，如果买官的人跟朝廷内部有“关系”，那么可以享受专门的“友情价”。例如东汉太尉崔烈，托关系打点了皇帝的乳母程夫人，最终只花了区区五百万就买到了“司徒”的官职，位列三公。

烈时因傅母入钱五百万，得为司徒。

——《后汉书·崔骃列传》

大家千万不要觉得“区区五百万”是阴阳怪气，因为真的便宜，毕竟同样买三公职位，曹操他爹曹嵩足足花了一亿万。

嵩灵帝时货赂中官及输西园钱一亿万，故位至太尉。

——《后汉书·宦者列传·曹腾传》

当然，皇帝也不都是因为关系好才给“走后门”，真遇到有才有德的，也可以适当降低价格，例如名士司马直，由于他在朝野颇有声望，因此在被任命为巨鹿太守前夕，皇帝特批他只需交三百万就可上任。

时巨鹿太守河内司马直新除，以有清名，减责三百万。

——《资治通鉴·汉纪五十》

不过，卖官毕竟是饱受诟病、不光彩的举措，很容易招致正义之士的讨伐，所以找准卖官的时机很重要。

因此，请牢记原则二：想挣钱，得巧立名目。

比如，在大灾之年，为了帮助流民百姓度过灾荒而号召有钱人前来买官，宣称卖官所得收益全部用于赈济灾民，这样一来卖官就变成了赈灾，所以这不叫卖官，叫“赈灾费”。

二月，己酉，南宫云台灾。庚戌，乐城门灾。

中常侍张让、赵忠说帝敛天下田，晦十钱，以修宫室、铸铜人。

——《资治通鉴·汉纪五十》

比如，皇帝是天下人的君父，君父的皇宫被烧坏了、广阳门的城门塌了，该不该修？那肯定该修。所以这次卖官得来的钱，准确说应该叫作“皇宫修缮费”。

再比如，封建社会的小地主、小官僚虽不是大官，但还是有点特权的，可以享受诸如“免交田租、缩短徭役、分房子、分禄米”等待遇，即秦汉时期“二十等爵制”下的一些福利。但是如果违法犯罪，论律当被处死。

不过不要怕，朝廷准备了赎罪措施，只需要交三十级爵位的钱，就可以免除死刑。

所以，这能叫卖官吗？这是朝廷精心设置的“消灾钱”呀！

> “民有罪，得买爵三十级以免死罪。”
>
> 应劭注曰：“一级值钱二千，凡为六万。”
>
> ——《汉书·惠帝纪》

最后，还有一种卖官的名目，那就是战争，不过这也确实是不得已而为之。毕竟战争实在太费钱了。举一个例子，根据史料记载，汉武帝时期，一匹公马的价格为二十万钱。有时一场仗打下来，就会损失九万匹马，折合一百八十亿钱，这都是真金白银啊。

> 两军之出塞，塞阅官及私马凡十四万匹。
>
> 而复入塞者不满三万匹。
>
> ——《史记·卫将军骠骑列传》

国家要打仗了，没有钱怎么能行呢？所以，伴随着对外战争的频繁发动，卖官鬻爵变得猖狂起来：花钱买官、花钱买爵、交钱抵罪、交粮食当候补官、交钱当“赏官”的情况比比皆是。

不过，有一个问题出现了，假如这里有两个官职，一个是朝廷中央职务，另一个是府衙的职务，这两个官职能是一样的价钱吗？

当然不会。

因此，针对不同的官爵和职位，请务必执行分级分类的差异化定价策略，以免亏本。

这就是卖官的原则三：差异化的定价策略。

三公的职位只有三个，根据供给与需求的关系，“三公”的市场行情是非常稳定的，而且还供不应求，处于极端的卖方市场。

同样是“三公”的职位，汉灵帝轻轻松松以“一亿万”的价格卖给曹嵩，却以打骨折的价格卖给崔烈。高官贱卖，哪个生意人心里都不会爽。所以要制定最合理的价格区间，追求最大利润，将各个官职明码标价，最方便的就是按照级别来定价。

因此大汉规定，官员俸禄两千石的大官，必须要卖到“两千万钱”，俸禄四百石级别的中层干部，要卖到四百万。

时卖官，二千石二千万，四百石四百万。

——《山阳公载记》

大官卖大钱，小官赚小钱，听起来多么合理，不过，新的问题马上又来了：全国上下官职就那么多，尤其是大官，一旦卖没了怎么办？

没关系，还有新的产品上市，比如说爵位和武职。桓帝灵帝时期，爵位里面的关内侯、五大夫和武官里面的虎贲、羽林、缇骑都是畅销产品，很好卖。

三公以国用不足，奏令吏人入钱谷，得为关内侯、虎贲羽林郎、五大夫、官府吏、缇骑、营士各有差。

——《后汉书·孝安帝纪》

但众所周知，“长安居，大不易”，除了少数两千石和三公那几个大人物，其他大量的京官历来都是又穷又忙，反而不如地方官员过得舒服，所以卖京官不一定能带来很大的营业收入。

这一点，汉灵帝也敏锐地捕捉到了，他把目光投向首都洛阳以外，给地方的州郡、刺史这种实权职位也定了价。这些地方大员的官职属于“硬核职位”，所以灵帝制定了远高于中央“公千万、卿五百万”的价格，普遍在“二三千万”，偶尔还要依据当年的市场行情微微涨价。

> 大郡至二三千万，余各有差。
>
> ——《后汉书·宦者列传》

但是很快，又有新的问题出现了，官位总数就那么多，就连那些不怎么值钱的爵位和武职都已经逐渐饱和，官位越卖越少，越来越紧俏，指望卖官已经带不动营收增长了，怎么办呢？

这可难不倒灵帝。作为皇帝，要敏锐地把握各级官僚的心思，精准地捏住他们的脉门，比如：对于各级官员来说，他们孜孜以求的不光是“有官做”，诸如调动、交流、转正等，也是他们仕途发展至关重要的环节。

既然增量乏力了，那就对存量下手。因此灵帝又下了规定：

不单单是当官需要花钱，不单单是想往上被提拔的官僚需要花钱，只要是想追求“任何意义上的进步”的，都要交钱——

举孝廉、举茂才要交钱，副职转正要交钱，异地调任要交钱，跨部门任职交流还是要交钱。

> 刺史、二千石及茂才孝廉迁除，皆责助军修宫钱。
>
> ——《后汉书·宦者列传·张让传》

这一通操作下来，皇帝陛下已经赚得盆满钵丰了吧，但其实钱还是不太够花。

虽然卖官收上来很多钱，但各级衙门都在盯着这笔钱，有人要钱练兵，有人要钱修河，还有人要钱补发拖欠的工资，那怎么办？

商业大师汉灵帝给出了答案，那就是：卖官工作绕开各级衙门，成立专门的机构，由皇帝直管，专项运作、专款专用。汉灵帝在皇宫的花园里成立“大汉卖官鬻爵办公室”，亲自参与买卖，史称“西园”。

> 当之官者，皆先至西园谐价，然后得去。
>
> 《后汉书·宦者列传·张让传》

此外，卖官的钱收上来，不能随便储存。这些钱不能放在国库，国库里的钱是国帑[1]，而这些钱是皇帝的私帑。皇帝不

① 国家的公款，即用于国家事务和公共支出的资金。

管国库的钱是怎么花的，所以也请国库不要管皇帝的钱是怎么花的。

同时，这些钱也不能放在各部衙门名下，这些钱进去容易，拿出来就难了。不光流程繁琐，万一遇上一个有脾气的衙门堂官，皇帝甚至还要跟他打辩论才能拿出来。

所以，灵帝机智地选择把钱寄存在宦官那里，每个宦官家里都替皇帝存放了数千万的钱，以至于灵帝激动地宣称："这些常侍都是我爹娘啊！"

> 复寄小黄门常侍钱各数千万。常云："张常侍是我公，赵常侍是我母。"
>
> ——《后汉书·宦者列传》

由此，一个"科学的"卖官方案诞生了。

或许，灵帝认为这套分类型、分阶段、系统化的卖官运作方式能让朝廷从各级官员那里大肆敛财，又没有叨扰百姓，简直是两全其美。

接下来，东汉朝廷需要面对的，就是"小小的"黄巾起义了。

第十四章

千年世家：是谁塑造了汉末的豪强、门阀、世家？

古往今来，有资格称为“世家”的，必须要有两样东西：一是拥有异常殷厚的财力或掌握大量生产资料；二是无与伦比的话语权。通俗来讲，想成为世家，首先要不差钱，绝对意义上的不差钱，其次是有足够的权威，说话好使。

【千年世家】

东汉末年，天下大乱。如果想参与到乱世的舞台中，金戈铁马博个名声，应该做点什么呢？有几个人我们可以学习一下。

首先是汝南袁氏，也就是袁绍的家族。

从祖上袁安开始，袁敞、袁汤、袁逢、袁隗，家族里四代人分别担任过司徒、司空、太尉、太傅，号称“四世三公”，所以袁绍一出山，就是“雄职”司隶校尉。

> 自安以下四世居三公位，由是势倾天下。
>
> ——《三国志·魏书·董二袁刘传》

也可以学杨脩家族。

他的祖上有杨震、杨秉、杨赐、杨彪，同样是四代人，全都做过大汉的“国防部长”，史称“四世太尉”。所以杨脩出仕时可以轻松举孝廉，进入曹操的丞相府做主簿。

> 自震至彪，四世太尉，德业相继，与袁氏俱为东京名族云。
>
> ——《后汉书·杨震列传》

当然了，我们还可以学让梨的孔融。

曲阜孔氏有一个二十世之前的震烁古今的老祖宗——孔子。自孔子以下，尤其是自从汉朝罢黜百家、独尊儒术以来，孔家在学术界地位一直很崇高，例如孔融就是当世有名的文坛豪杰、士人领袖。所以孔融就可以前骂国贼董卓，后斥丞相曹操。

> 孔融字文举，鲁国人，孔子二十世孙也。
>
> ——《后汉书·郑孔荀列传》

最后，如果觉得以上路径都需要花太久的时间，还可以选择一条边界路径，参考曹操的老爹曹嵩的办法，只需要花“一亿万”去买一个太尉的官职，就可以一步到位，喜提三公待遇。

> 嵩灵帝时货赂中官及输西园钱一亿万，故位至太尉。
>
> ——《后汉书·宦者列传》

那么问题来了，汉末的这些世家，都是从哪里来的呢？怎么才能成为像他们一样的人呢？

【从草根到豪族】

四百年前，始皇帝横扫天下、统一环宇，让整个中华大地的政治结构和阶级关系发生了很大的转变。那些自周朝以来遍布六国的、高高在上的、世卿世禄的贵族，全被始皇帝扫到了角落里。

尽管还有楚国贵族项梁、项羽，韩国贵族张良等人参与到灭秦战争和楚汉战争当中，但是到了大汉建国的那一刻，朝堂上活跃着的大多数是草根阶层。

比如大汉的开国功臣多是“亡命无赖之徒”，萧何、曹参参与反秦前，算是有“正经编制”的，其他人如陈平是底层落魄文人，樊哙是屠狗的，周勃是丧葬队吹箫的，灌婴是卖鞋的，娄敬是拉车的力工等等。

> 汉初诸臣，惟张良出身最贵，韩相之子也。
>
> 萧何沛主吏掾，曹参狱掾。
>
> 其余陈平、王陵、陆贾、郦商、郦食其、夏侯婴等皆白徒。
>
> 樊哙则屠狗者，周勃则织薄曲吹箫给丧事者，灌婴则贩缯者。
>
> 娄敬则挽车者。
>
> ——《廿二史札记》

所以，在大殿上举办宴会时，皇帝的好哥们一个个酗酒、吹牛，喝大了就互相拔剑决斗，动不动就逮着大殿上的柱子一通砍，连高祖都对这帮草莽无可奈何。

> 群臣饮酒争功，醉或妄呼，拔剑击柱，高帝患之。
>
> ——《史记·刘敬叔孙通列传》

因此，在西汉早期，连皇帝和权贵都是出身底层，鲜明的“平民性”使社会阶层的流动异常频繁，某个人可能昨天还在放猪，今天就被征辟为博士，明天就是大汉的丞相了，例如公孙弘先生。

> 少时为薛狱吏，有罪，免。家贫，牧豕海上。
>
> ——《史记·平津侯主父列传》

这个时候，阶层固化还不明显，想成为世家，有一个“基本”的路径，那就是先成为豪强。

在大汉建国初期的农村地区，大多是自耕农，一家一户，生活本应该自由又安逸，但平民百姓们这种自给自足的生活必然会受到其他阶层的剥削。

剥削者中，有的是六国旧贵族的后代，依靠着曾经豢养的子弟、臣妾、徒役、宾客，组织起一大帮人，横行乡里；有的是官僚地主，尽管不是“大官”，却在地方主导治理，可以动用手中的权力巧取豪夺、侵占土地；还有一些富商，凭借着宗族祖祖辈辈积攒的物质财富，可以轻松度过灾年，并在灾年低价买入别人的土地。

这三种势力，在漫长的历史中，逐渐将各地区的生产资料，尤其是土地，兼并到自己家族手中，帝国的基层不可避免地走向了“豪强化”。

比如济南国的地方豪强瞯氏，仗着同姓同宗有三百多家，族里人丁众多又遍布各个衙门，所以能在当地胡作非为，以至于本地的官员都不敢管理，必须要大汉中央专门派钦差来才能整治。

> 济南瞯氏宗人三百余家，豪猾，二千石莫能制，于是景帝拜都为济南守。
>
> ——《汉书·酷吏列传》

为此，汉朝的皇帝开始重拳整治，汉文帝、汉景帝、汉武帝开始利用酷吏大力整治地方豪强，义纵、宁成、张汤、郅都、王温舒等人纷纷下场，将为祸一方的豪强通通“族灭”。

> 至则诛瞯氏首恶，余皆股栗。
>
> —《汉书·酷吏列传》

> 至则族灭其豪穰氏之属，河内道不拾遗。
>
> 即有避回，夷之，亦灭宗。
>
> ——《汉书·酷吏列传》

但事实上，这种整治的效果并不长久。

只要躲过了汉武帝时代，之后努力积蓄力量——兼并土地发展农业、占有山泽丛林发展副业、转卖物资发展商业……那么到一百年后的东汉时期，这些豪强有的是机会凭借亲戚、宾客、仆人逐鹿天下。

比如，光武皇帝刘秀的哥哥刘演起兵造反时，原始人马就是自家宗族的七八千子弟。刘秀本身就是南阳郡的豪强地主。

> 伯升自发舂陵子弟，合七八千人，部署宾客，自称柱天都部。
>
> ——《后汉书·宗室四王三侯列传》

再比如，刘秀的母族樊家，也是集富商、地主于一身的地方豪强，家里田产三百顷，大概是上万亩良田。

> 古百步为亩，汉时二百四十步为亩，古千二百亩，则得今五顷也。
>
> ——《通典》

到了汉末，资助刘备的麋竺，出手也是相当阔绰，不仅拥有财产亿万，而且豢养了仆人宾客上万人。

> 麋竺，字子仲，东海朐人也。祖世货殖，僮客万人，赀产巨亿。
>
> ——《三国志·蜀书·许麋孙简伊秦传》

公孙瓒也喜好结交富商巨贾，甚至还跟身家上亿的大商人约定为兄弟，他自己做老大，其他的富商做二弟、三弟、四弟。

（公孙瓒）自号为伯，三人者为仲、叔、季。富皆巨亿，或取其女以配己子。

——《英雄记》

这种场景在汉魏时期普遍又震撼，以至于魏国皇帝曹丕在《典论·论文》描述到：名豪、大侠、富家、强族，纷纷大兴义兵、高举义旗，一时间群雄并起、风云激荡。

于是大兴义兵，名豪大侠，富室强族，飘扬云会，万里相赴。

——《典论·自叙》

【世世代代走仕途】

虽然豪强大侠在乱世激荡的年代可以逐鹿中原，但在清平富庶的年代，他们始终是中央政府打击的对象。

朝廷屡屡指责这些豪强为“武断乡曲”，说他们这些大姓都是“群盗”，在乡里为非作歹，也正因此，两汉统治者经常出重拳打击这些豪强。

当此之时，网疏而民富，役财骄溢，或至兼并豪党之徒，以武断于乡曲。

——《史记·平准书》

除了汉景帝、汉武帝重用酷吏，王莽变法措施之一的恢复井田制，光武皇帝三令五申的大规模“度田”（丈量田地，清查户口，控制土地及劳动力，以限制豪强们土地兼并），都是为了打击地方豪强，让他们将侵占的土地归还平民。

时诸郡太守坐度田不实，世祖怒，杀十余人，然后深悔之。

——《后汉书·志第十八·五行六》

但是有一类家族能躲过朝廷的打击。

豪强其实并不能称为“世家”，世家嘛，那得是世世代代吃朝廷俸禄的人，这就是即将出场的第二类世家代表，也是真正意义上的世家——官场世家。

钱和名，有一样就可以了。所以，作为官场世家，他们不用在老家兼并广袤的田产，也不用聚集宗族子弟，辛辛苦苦经商积攒“巨亿”家产。官场世家只要抓住机会，以更有组织、更专业的政治排列和布局，使他们家在官场更具声望和权势就可以了。

其中最典型的例子，就是东汉末年的那些风云人物。比如刚才讲到四世太尉的弘农杨氏，看起来异常煊赫，但是他们的祖上不是什么大地主家庭。虽然弘农杨氏在西汉时期就有爵位，但家道中落，一直到了东汉时期，年过五十的杨震才走入仕途，而在之前近一百年间，杨氏都没有禄位。

> 年五十，乃始仕州郡。
>
> ——《后汉书·杨震列传》

另外一个，四世三公的汝南袁氏，最早的有点名气的袁氏族人可以追溯到西汉时期一个叫袁良的太子舍人，他的俸禄才二百石；往后数三代，袁氏最发达的人是袁安，他最初参加工作时，也不过是县里的功曹。后来在几代人兢兢业业的工作下，袁氏家族才有人官至三公。

> 初为县功曹，奉檄诣从事，从事因安致书于令。
>
> ——《后汉书·袁张韩周列传》

如果家族中世世代代都有人出仕，那么这个家族就可以世世代代占有一定的权力，优先享受物质利益，并且拥有远超平民百姓乃至其他官员的政治特权和民间声望。最终，能凭借以上种种好处，世世代代累积，不断扩大家族的影响力。

东汉末年，面对穷凶极恶的董卓，敢于发声的人中就有一些是官场世家，例如，敢于据理力争、当面怒斥的董卓的，是拥有四世太尉的弘农杨氏的杨彪；敢于拔刃相向的，是家族世代都能做三公的袁绍；准备刺杀董卓的，是有做大司农父亲的曹操。

【书中自有颜如玉】

这样看下来，一个普通人要成为官场世家，时间成本也太大了，至少要经历几代人、积淀上百年才有可能，有没有更快一点的办法呢?

还真有，那就是最后一种路径：成为士人。

什么是士人呢，标准的定义有很多，在不同的年代说法也不一样，如果通俗一点概括那就是：读书人、知识分子。

春秋战国时期，竹简兴盛，知识开始向下拓展，由此创造了先秦诸子百家和士人阶层孜孜不倦投身于时代乱局的盛景。这种旺盛的政治热情让始皇帝都感到担忧，因此实行了非常严格的"禁书"政策。

有多严格呢，严格到大汉皇帝刘邦，年轻时都因为禁书政策而无法读书。

> 吾遭乱世，当秦禁学，自喜，谓读书无益。
>
> ——《手敕太子书》

不过，世间事，没有一件是能一堵了之的。既然不让人读书是不行的，那朝廷规定官方教材、指定学校，这样把读书人掌握在朝廷手里，不就可以了吗?

因此，汉武帝重视教育，兴办国家支持的公立院校，史称"令礼官劝学"，总负责人就是开篇我们讲过的，前脚还在放猪，后脚就当上丞相的公孙弘。

> 其令礼官劝学，讲议洽闻，举遗兴礼，以为天下先……太常其议予博士弟子，崇乡党之化，以厉贤材焉。
>
> ——《汉书·武帝纪》

国家为此设立了专门的职务，称为五经博士。这些博士可以招收弟子。太学制度就这样诞生了。一句话理解太学制度：太学里面是一批以经学研究为主业的国家后备干部。

一开始，太学里的编制比较少，汉宣帝时只有博士十二人，这时候想要进入太学，确实比较困难，需要“家学渊源”。不过到了王莽时期，太学扩招了，规模达到了惊人的一万多人。而且，不仅官学发展兴旺，各地区的私学也尤为兴盛，全国各地的大儒，开门招生的比比皆是。

> 是岁，莽奏起明堂、辟雍、灵台，为学者筑舍万区，作市、常满仓，制度甚盛。
>
> ——《汉书·王莽传》

太学生和大儒子弟的身份，是一张闪亮的名片，可以让人轻松打开局面。东汉帝国的缔造者们，有很多就是太学生或士人子弟，比如，排在首位的就是东汉光武皇帝刘秀，他曾经到洛阳求学，是首都里的太学生。

此外，东汉开国“云台二十八将”中：

大司徒邓禹，是刘秀的同学，洛阳太学生；

左将军贾复，是舞阴县李生的弟子，精通《尚书》；

建威大将军耿弇，他父亲跟王莽的弟弟是同学，两人在安丘先生门下学习《老子》；

建义大将军朱祐，是刘秀的发小兼同学；

骠骑大将军景丹，曾经到洛阳求学，是太学生；

太中大夫耿纯，曾经在长安求学；

偏将军王霸，跟耿纯一样，也在长安求学。

征虏将军祭遵，不知道是谁的同学，但是史书明确说了，祭遵早年喜好经书。

> 年十三，能诵诗，受业长安。
>
> ——《后汉书·邓寇列传》

> 父况，字侠游，以明经为郎，与王莽从弟伋共学《老子》于安丘先生，后为朔调连率。
>
> ——《后汉书·耿弇列传》

> 少好经书。
>
> ——《后汉书·铫期王霸祭遵列传》

开国领袖这种好学、有文化的特征，直接影响了东汉后来的发展，整个东汉一朝，“儒者气象”特别明显，社会各阶层都在疯狂“学习”。

到了东汉后期，洛阳城里的太学生在经年累月的扩招之下，规模达到了庞大的两三万人。同时，民间大儒招生、开办私学的景象也日渐兴盛，史载那些大儒门下的学生，动不动就是几万人。

例如，张兴，先举孝廉，后任博士，连皇帝都曾多次请教他学术问题，由此声名大振，前后著录的弟子高达上万人。

经学家牟长，每次上课时，前来听课的学生就有一千多人，前后著录门下的弟子有上万人。

蔡玄，是通学五经的大知识分子，他更夸张了，家里仅门徒就有一千人，门下弟子更是达到了一万六千人！

> 既而声称著闻，弟子自远至者，著录且万人，为梁丘家宗。
>
> ——《后汉书·儒林列传》

> 长自为博士及在河内，诸生讲学者常有千余人，著录前后万人。
>
> ——《后汉书·儒林列传》

> 学通《五经》，门徒堂千人，其著录者万六千人。
>
> ——《后汉书·儒林列传》

【学子们的力量】

杨政年轻时跟着范升学习《梁氏易》。

杨政字子行，京兆人也。

少好学，从代郡范升受《梁丘易》，善说经书。

——《后汉书·儒林列传》

老师范升一直想要一个儿子，前前后后一共娶了三任妻子，才得偿所愿。但是被休的第二任妻子越想越气，一怒之下，一张诉状将范升告到了御前。

原来，按照制度规定，只有公侯伯爵和贡献卓著者才有资格娶妻纳妾，普通百姓和一般官员仍需要恪守一夫一妻制。范升既是大儒，又是朝廷命官，本应率先垂范，"娶三妻"的行为却是伤风败俗、背信弃义。因此，朝廷接到举报后，随即把范升抓捕入狱。

范升尝为出妇所告，坐系狱。

——《后汉书·儒林列传》

杨政获悉后，决定帮助恩师脱险。他打听好了皇帝出行的路线，摆了一个很惊悚的造型：光着身子，拿箭刺穿耳朵，抱着范升才三岁的儿子，潜伏在皇帝的必经之路上。等到光武帝的车驾经过时，杨政一个箭步冲出来，挡住去路。

他一手举着奏章，一手抱着范升的幼子，一边磕头，一边大喊："范升三娶，可惟有一子，今方三岁，可怜啊！"御驾随行的武士们见到这副造型，大惊之余，拔箭就射，可是杨政始终不肯去。

> 政乃肉袒，以箭贯耳，抱升子潜伏道傍，候车驾……武骑虎贲惧惊乘舆，举弓射之，犹不肯去；旄头又以戟叉政，伤胸，政犹不退。
>
> ——《后汉书·儒林列传》

皇帝惊奇不已，下车一瞧，眼前这个造型奇特的人竟是他的左中郎将杨政，赶忙问“发生什么事了”。弄清原委后，光武帝也不好再说什么，当即下诏“乞杨生师”，即放还杨政老师。

> 哀泣辞请，有感帝心，诏曰：“乞杨生师。”
>
> ——《后汉书·儒林列传》

范升得救，杨政也因此而名声大噪。这种血气方刚、不畏生死的行为，也是当时士人阶层的一个写照。

此外，士人学子们还以“祖师爷孔子曾经周游列国”的名义，在全国范围内“交游”，经常跨州跨郡，动不动就成百上千人出动，上万人的情况也不在少数。

交游的名头很多，有的人仰慕大师，不远万里前去拜师学习；有的人觉得“外面的儒生会解经”，一定要去大城市上学；还有的人热衷于送别“先贤”，参加名士的葬礼。譬如名士郭泰去世后，有数万士人来送葬；陈寔去世，海内三万人前来送葬，大将军何进还专门派人来吊唁。

> 中平四年，年八十四，卒于家。
> 何进遣使吊祭，海内赴者三万余人。
> ——《后汉书·荀韩钟陈列传》

这种场景实在是过于震撼，所以东汉人口中所说的“天下士大夫”如何如何、“海内士人”如何如何，有时候确非虚言。

由此可见，初步组织起来的士人阶层已经在东汉时成了一股新兴力量。很快，这些士人便开始试图获得话语权。

【口碑营销，名师优选】

东汉末年，各地都出现了以品评人物而著称的名士，最典型的就是许劭“月旦评”，即每月进行一次针对人物、事物的评价判断。

> 每月辄更其品题，故汝南俗有“月旦评”焉。
> ——《后汉书·郭符许列传》

此外，刚才说的名士郭泰，只要获得了他的认可，得到了他的一两句评价，就可以顶着“郭泰优选”的名号，顺理成章地被朝廷察举、征辟，这件事让曹丕很感慨，他把这种情况称为“位成乎私门，名定乎横巷”。

有了名士头衔之后，士人阶层就开始互相抱团，组建小团体，给对方戴高帽，互相博名声。这种行为在《后汉书》里面称为“相互标榜”。

邪枉炽结，海内希风之流，遂共相标榜，指天下名士，为之称号。

——《后汉书·党锢列传序》

比如“三君”，即三个堪称当世士人宗师的人物，里面比较出名的就是窦武、陈蕃。

“八顾”，即八个能引导他人德行的人物，最出名的应该就是“单骑入荆州”的刘表了。

“八厨”，即八个能仗义疏财救人的名士，出名的有泰山人胡母班、张邈等。

窦武、刘淑、陈蕃为“三君”。君者，言一世之所宗也。

——《后汉书·党锢列传序》

与同郡张俭等俱被讪议，号为“八顾”，诏书捕案党人，表亡走得免。

——《后汉书·袁绍刘表列传》

胡母班字季友，泰山人，名在八厨。

——《汉末名士录》

既然已经成为整个帝国都尊崇的“三君”“八顾”“八厨”，那是不是有没有官身，都不重要了？

不论是在物质上异常清贫、家无余财的陈寔，还是颇有家资物产的“荀氏八龙”，抑或是在官场被称为“四世太尉”、也在士人群体中被誉为“四世清德”的弘农杨氏，只要有名士这个头衔，就可以凭借一人显贵达到家族荣盛、海内仰望的巨大成就。

> 有子八人：俭，绲，靖，焘，汪，爽，肃，专，并有名称，时人谓之“八龙”。
>
> ——《后汉书·荀韩钟陈列传》

总结一下，在东汉时期，有三条路径可以进入权力阶层：

一是在广大乡村，通过种种或合理合法或巧取豪夺的手段成为豪强，垄断地方的“吏员”职位。

二是努力走仕途，世世代代当官，只要有一个人达到权贵，就能封妻荫子，家族延绵百年。

第三便是接受教育，成为大儒名士，然后以知识分子的身份接受朝廷征召，一步到位当大官。

不过，这种办法只适用于普通人发家，那些已经身居高位的权贵，为了保证自己的阶层和地位不下滑，往往会采取三合一的方式：

先利用自己的声望结交名士，让名士教育自己子弟，授予“显名”，然后自家子弟就可以轻松且合法地通过“征召”进入官场；进入官场后，再借助自己或家族的政治权势，去占有财富，强化物质基础；最后用雄厚的财富去结交名流、供养子嗣，使他们在未来也可以像自己一样走“明经入仕”的路子继续当官。

这样，财富、名望、官职就可以在自己家族内循环占有。所以，我们看东汉末年出来争霸的几个大人物，大多数具有学门、官僚、豪强三位一体的特征。

而且，在不久的将来，这种世家会发展成一种更加可怕的怪物，那就是困扰南北朝三百五十年的“门阀世家”。

不过到那时，皇权低落、政权不稳、江山风雨飘摇，就又是另外一段故事了。